パート先は重要文化財

――シニアライターの体当たり奮闘記

金地院本堂

目次

鶴亀の庭

表紙・本文写真／服部素子　表紙デザイン／室井さと子

六十四歳、重要文化財で働く！

金地院の白塀（春）

プロローグ

東山をのぞむ金地院へのアプローチ

昨年五月までの三年間、私が働いていた職場は、臨済宗南禅寺派大本山・南禅寺（京都市左京区）の塔頭（南禅寺山内の寺院）の一つ「金地院（こんちいん）」。約四百年前、江戸時代初期に中興された寺で、狩野派の絵に彩られた本堂（大方丈）や長谷川等伯の襖絵がある書院、小堀遠州作として知られる茶席「八窓席（はっそうせき)」、東照宮など国の重要文化財と、国の特別名勝「鶴亀の庭」を有する名刹だ。

仕事は拝観案内と、重要文化財の建物や茶席などの掃除。フリーライター稼業三十五年、関西を中心に「ニュース」を追いかけてきた自分自身が誰より驚いた、六十四歳での転身だった。が、いま思えばその根底には、必然と偶然が見事に重なり合っていた。

◇

金地院との出合いのきっかけは平成三十一年(2019年)の二月、京都市内で開かれた、とあるシニア向けの「企業合同就職面接会」だった。当時、取材テーマの一つとして、人生百年時代のシニアや女性の働き方を追っていた私にとって、ハローワークや企業の担当者、求職者、採用が決まった人たちの話を聞くことは日常的な仕事ではあった。

しかし一方で、社会の動きの一歩先を見るのが役割と歩んできたライター人生にもかかわらず、気がつけばわが身のシニアライフはノープラン。ウエッブサイトの台頭で、記事の内容より〝映（ば）える〟ことが重視される風潮に違和感を持つことも増えていた。

そんなもどかしさが重なり、頭に浮かんだのが、「ライター稼業を一度離れて、一人のシニアとして求職活動をしたら、六十四歳の私は一体どんな仕事にありつけるのだろう？」という切り口だった。そのタイミングで開かれたのが五十五歳以上の求職者を対象としたこの就職説明会だったのだ。

とはいえ、それはある意味とても残念な会だった。

開場十分前に会場に着くとすでに長い列ができていた。シニア求職者の中の一人という今回のねらいから当然、取材のアポイントメントは取っていない。

見たところ、七対三で男性が多かったが、スーツ姿の気合十分の女性も見受けられた。しかし、参加者数を読み違えたのか、予約不要・参加自由とうたわれていたにもかかわらず、入場制限をしながらの受け付け。十数人の参加者とともに入口の椅子に腰かけて待つこと三十分。

「どうぞ」と呼ばれたころには求職のエントリーシートも参加企業約四十社のレジメも品切れになり、しかもそれらの資料を補充するでもなく、受け付け担当のスタッフが「名前と電話番号を書いてください」と差し出したのは、雑にちぎったメモ用紙。

私より後に来た人たちは、椅子もなく立ったままで受け付けを待つ状態だった。シニア対象のこうした説明会には何度も取材のために足を運んでいたが、これほどずさんな対応を見たのは初めてだった。

そんな苛立ちがあるせいか、参加企業の態度も「シニアを採用する気はないけれど、行政に頼まれたからきています」という風に見えてくる。会場を一巡して帰ろうとしたとき、「産業雇用安定センター」と書かれたブースの、同世代と思しき男性スタッフから「よかったら、どうぞ！」と声をかけられた。

産業雇用安定センターは、かつての労働省（現厚生労働省）と日経連（一般社団法

人　日本経済団体連合会)、産業団体などが協力して昭和六十二年(1987年)に設立した公益財団法人。無料で再就職や出向の相談に応じているという。

「フリーライターの再就職相談もありですか?」と、好奇心で聞いてみると、「離職一年以内で、六十四歳までの方で、週二十時間以上の労働が可能な方なら」とあっさり。仕事探しの仮登録までしていただき、「また、ご連絡します」と送り出された。

そして、何度かの電話連絡で個別に担当者を決めてマンツーマンで対応してくださることも知り、京都市内にある同センターの京都事務所で担当者との正式な面接となった。

そこでまず、聞かれたのが「どんな仕事を希望しますか?」。

こんなときのシニア求職者的模範解答は「なんでもします!」なのかもしれないが、私の頭をかすめたのは「わが体験を原稿にするには…」という思い。そして口をついて出た言葉は、「せっかく京都に住んでいるので、京都でしかできない仕事、例えば寺社関係のお仕事を…」。

それを受けて提示していただいたのが、早朝のお寺の庭掃除、御朱印帳の筆耕、神社の参道にあるお休み処のスタッフなどだった。

第一印象は、「シニア向けの寺社関連の仕事って意外にあるんや！」という驚き。

求人票を見ていく。

早朝の庭掃除は気持ちよさそう、と心が動いたが車を運転しない私では、最寄り駅から始発に乗っても指定の時間に着くのは物理的に無理。一方、書道の心得のない私が御朱印帳を書くなんてあり得ない。

うーんと考え込んでいると、「こちらはどうですか？」と一枚の求人票を手渡された。

それが、金地院の求人だった。

仕事の内容は、「拝観案内・その他・定年六十七歳」。「その他」の部分が気にはなったが、「定年六十七歳」というのは、六十五歳定年で退職した人の次の仕事の発掘という、私のねらいにぴたりと合う。

京都の寺社は幾度となくお話をうかがいに出向いたなじみのフィールド。金地院の取材をしたことはなかったが、南禅寺界隈なら土地勘もあり、公共交通機関を使ってわが家から一時間ほどの距離。

「ここ、興味あります」と同センターの担当者に言うと、即、その場で金地院に電話を入れてくださった。

折よく、金地院の担当者（後日、ご住職と判明）もおられたようで「来週、来てください」となり、あれよ、あれよという間にお寺での面接日が決まった。

採用面接ではご住職と対面、持参した私が書いた記事のスクラップを見せ、これまで取り組んできた取材について説明しながら、「京都検定2級も持っています」などと話していると、ご住職の発せられた一言が「拝観案内は大丈夫でしょうが、当寺の仕事は、案内と掃除が両輪です。ほうきや雑巾を使ってのお寺のお掃除などおできになりますか？」。

心の中では「おっしゃる通り。ほうきも雑巾も小学生以来、ご無沙汰です」と冷や汗をかきつつ、「はい、やってみます」とお返事。ご住職も半信半疑であっただろうが平成三十一年（2019年）四月二十七日、「とりあえず三か月」の試用期間がスタートした。

ペンをほうきに持ち替えて

竹ぼうきは庭掃除の〝友〟

金地院の朝は早い。

始業時間は午前七時四十分。白壁に囲まれた総門から入り、庫裏にまわってご住職に「おはようございます」と声をかけ、和綴じの出勤簿に押印。女子控室の鍵を取り、制服の水色の作務衣に着替え、お茶を沸かして当日出勤するスッタフ分の保温ポットを用意し、お茶を入れて控室前の机の上に置く。

そして、長靴に履き替えて〝主戦場〟の本堂に向かう。金地院には数々の重要文化財があるが、この本堂も国の重要文化財だ。

「重要文化財を、私がお掃除?!」

慣れるまでは、襖や敷居に触れないように、おそるおそるのほうき使い。文字通り「部屋を丸く掃き」状態だった。

というのも、本堂の襖や障壁画は、狩野探幽(たんゆう＝1602～74年)、尚信(なおのぶ＝1607～50年)兄弟を中心とした狩野派の絵師が描いたもの。兄弟の父は狩野孝信、祖父は安土桃山時代を代表する絵師・狩野永徳。その名前だけで、足がすくむ。

本堂に着くとまず、ご本尊の地蔵菩薩さまに手を合わせ、南向きの大障子十六枚を開け、正面の国の特別名勝「鶴亀の庭」と対面。

亀石と鶴石に「おはようさんです!」と挨拶し、外縁から降りて石畳を掃き、打ち水をし、拝観者用男女トイレのチェック。その後、毎日のルーティーンワークである長さ約二十六メートル、幅約三メートルの本堂の床をモップで水拭きする。この作業が終わると、奥の書院の廊下のモップがけ。それから、八窓席まわりの落ち葉掃きと続く。

このモップ作業用に使っていたバケツがなかなかの年代ものだった。バケツの内側に差し渡されたモップをしぼるローラーを支えていた金具は鉄製で、さびもでていた。京都に遊びに来て金地院を訪ねてくれた大阪の友人がこのバケツを見たとたん、「昭和やん！」と大爆笑したのを思い出す。

ちなみにこのモップバケツは、金地院で働き始めて二年目の春、ローラーを支えていた金具がボロっと落ち、新品に買い替えていただいた。が、バケツの水が汚れたら「よっこらしょ」と持ちあげて、廊下と階段でつながっている庫裏の台所に水を換えに行く段取りに変わりはなく、週三日の勤務とはいえ、三年続けていたら、若いころに痛めた右手の腱鞘炎が再発した。

さらに難敵だったのが、落ち葉。

奥の書院のまわりに植えられているのはモミジ、キンモクセイ、モッコク、アラカシ、ツツジ、マツなどの常緑樹だが、常緑樹といっても葉が枯れれば落ちる。晩秋だけではない。厳冬期の一、二月はさすがに少ないが、三月ともなれば庭に落ち葉のふきだまりができる。

竹ぼうきと細い竹の枝をまとめたささらのような手ぼうきで樹木の下の落ち葉をかきだすように集め、プラスチックの大型チリトリに取り、ナイロンのゴミ袋に詰める。落葉が多いシーズンは、四十五リットルのゴミ袋が一日で満杯になる。

観光客が押し寄せるゴールデンウィークであっても、案内の合間をぬってほうきを持ち、梅雨の時期は、雨に濡れた落葉を火ばさみで一枚一枚拾い上げる。足元は長靴、手には百円均一ショップで買ったガーデニング用の手袋。夏場は蚊やハチなどの虫が寄ってくるので、長袖に帽子、頭からかぶる虫よけネット、身体に吹きつける虫よけスプレーは必携品。

お寺から蚊取り線香を支給していただいたが、私は蚊取り線香の臭いが苦手なため、虫よけスプレーを自分で用意していた。とはいえ、虫よけネットにジョロウグモの巣がひっかかったり、手ぼうきを伸ばした先に十五センチほどのムカデがいたりと、朝から肝試し気分の日もあった。

働き始めて一か月余りが過ぎた六月中旬、先輩女性スタッフのSさんと交わしていた連絡帳には、「お昼から晴れ。庭掃除に力を尽くすも、賽（さい）の河原のように掃くそばから落ち葉がハラリ。落ち葉の無限ループ（涙）」と、私の汚い文字でうんざり気味の言葉が続いている。

この一連のルーティーンをSさんは、午前七時四十分の出勤から九時半の拝観案内のスタートまでの間にこなしてしまう。初日にその仕事ぶりを見たときは、てきぱきとした動きに驚きで開いた口がふさがらなかったが、「見習いは一週間。それからは全部一人でやってね」と、さらに唖然とする言葉をかけられた。

というのも、金地院で一日に働くスタッフは、境内整備を中心とした庭園管理が一人、拝観券販売などを担当する拝観受け付けが一人、案内及び堂内掃除などが担当の案内係の計三人。この三人が一チームとなり、火曜・水曜・土曜の週三日勤務チームと、日曜・月曜・木曜・金曜の週四日勤務チームの二班体制で仕事をまわしていた。

つまり、担当曜日の自分の仕事はすべて一人でこなさなければならない。週三日チームは私、Uさん（後にTさんに交代）、Hさん。四日チームはSさん、Tさん、Mさん。六人の内、女性はSさんと私の二人だった。

この六人のほかに、法要やご住職の用事などお寺の奥向きの仕事をするために随時来られる最古参のYさんがおられるが、Yさんにもご自身の仕事がたっぷりある。

年間を通してみると造園師さんや大工さん、水道や電気などのメンテナンス関係の業者さん、お寺の行事を手伝われる僧堂さん（他宗の雲水にあたる修行僧）なども折々に来られるが、日々のルーティーンワークは二班六人＋Yさんの七人でまわすことになる。

案内係であるSさんと私の仕事は、特別拝観の案内と掃除の二刀流。毎日の本堂などのモップがけ、八窓席まわりの庭の落ち葉掃き、トイレチェックなどのルーティーンワークのほかに、曜日ごとに決められている禅堂、開山堂、本堂の座敷、奥の書院、八窓席などの掃除が加わる。

開山堂は、本堂の西側に建つお堂で、江戸時代初期にこの地に金地院を中興した以心（あるいは金地院）崇伝（すうでん）禅師の像を中央に、向かって左に室町時代に京都・北山に足利義持が創建したという最初の金地院の開祖・大業徳基（だいごうとっき）禅師、右に南禅寺・金地院の二代住職となった最岳元良（さいがくげんりょう）禅師の像を祀る。

この開山堂を私が掃除していたのは、隔週の火曜日。まず床の敷瓦にモップをかけて水拭きし、崇伝禅師らの像が祀られている漆塗りの祭壇のほこりを化学雑巾でぬぐう。木の柱や台などは普通の雑巾で水拭きをする。その後、堂内六か所にある茶碗の水と、三か所の花瓶の榊（サカキ）を取り換える。

お寺といえば、樒（シキミ）というイメージが強かったが、ご住職にうかがうと「樒も榊もどちらも神仏に供える植物です。金地院には榊が多いので榊を用いています」
とのことだった。

その言葉通り、開山堂のまわりには榊が多い。手ごろな大きさのものをハサミでチョキンと切って挿していた。堂内の掃除が終わると、お堂の外を竹ぼうきで掃き、打ち水をしてモップを洗い、雑巾を洗濯して終了となる。

開山堂の掃除をしない火曜日は、禅堂の掃除。水曜日も隔週で本堂の上段の間・芙蓉の間（諸侯謁見の間）、仏間（＝三部屋合わせて計五十七畳）の畳の掃き掃除・雑巾がけと、書院・八窓席の掃除のローテーション。土曜日は鶴の間・菊の間（＝二部屋合わせて計三十七畳）の掃き掃除・雑巾がけと女子控室掃除、本堂の説明パネル拭きなどが割り振られていた。

畳の雑巾がけ用には、雑巾を挟んで使うモップのような器具があり、Sさんはもっぱらその器具を使っていたが、私が使うとどうしても雑巾がうまく挟めない。挟めても二、三回畳をこすると、はずれてしまう。効率の悪いことこの上なく、私はもっぱら昔ながらの膝をつく雑巾がけスタイルで掃除をしていた。

畳の拭き方の注意としてSさんに指示されたのは、「畳三枚拭いたら、雑巾の面を換えてください」。中腰で畳を拭いて、廊下に置いたバケツでゆすいで、バケツの水が汚れたら庫裏まで行って水を換える。この一連の畳拭きはダイエット効果抜群。一か月で五キロ痩せた。

なかでも、特に気を使ったのが、本堂の西奥にある上段の間。

徳川三代将軍家光の御成りのために崇伝禅師が造らせたといい、正面に狩野探幽の手になる「雪松図」、左手に付書院（つけしょいん）、右手に金箔の上に辰砂（しんしゃ）の赤も鮮やかな「雪梅図」を描いた床脇棚（とこわきだな）を配し、天井は折上格天井（おりあげごうてんじょう）という格式の高い造り。右内側には警護の武士をしのばせた「武者隠し（むしゃがくし）」が設けられている。

辰砂とは、水銀の原料で古くは「丹（に）」と呼ばれた鉱物をいう。

崇伝禅師の遷化により家光公の御成りは果たされなかったというが、日常のお掃除はかかせない。

拝観のお客さまには結界越しに見ていただくことになるが、この六畳の上段の間に雑巾をかけるとき、「ここに三代将軍家光が座ったかもしれない、のか」と、閑散期には一人感慨にふけっていた。

こうしたお掃除に加えて午前九時半から、昼休みを除いて午後三時半まで原則一日六回、一時間ごとに特別拝観の案内をする。Sさん曰く、「パズルを組み立てていくように案内の合間にお掃除をしていくといいですよ。慣れるまではボチボチやってください」。

Sさんは当時六十歳。金地院歴十年のベテランで、彼女レベルに仕事をこなせるようになるには何年かかるのやらと、ため息が出た。もちろん、その前に定年が来るのだが…。

畳の部屋で使う掃除用具はほうきと雑巾。掃除機の音は静けさを求めて来られるお客さまの邪魔であると同時に、何かの拍子に掃除機の柄が誤って重要文化財の襖にでもあたれば取り返しのつかないことになる。

「いまは令和やけど、ここは昭和。それを頭の隅にいれておいてもらったほうが…」

というSさんの言葉が嘘でも冗談でもないことを実感するのに時間はかからなかった。

さらに夏場になると、奥の書院の庭と八窓席まわりの水撒きが加わる。六月下旬ごろから連日三十度を超える日が続くと、庭の苔が茶色に変色してくるのだ。夕立ちがあれば助かるが、なければ坪庭は備え付けのホースで、他はポンプを起動させ十メートル以上あるホースで潤おす。

カンカン照りの太陽に焼かれた土の上に水が落ちると、日暮れ近くでもモワっとした水蒸気が立ち上り、水を撒く人間は涼しさではなく熱気に包まれることを初めて知った。

休憩は午前十時と午後三時に三十分。正午から午後一時まで一時間の昼休みがあって、終業は午後五時（冬季＝十二月から二月は午後四時半）。とはいえ、最初の三か月はSさんのように〝案内の合間にお掃除〟などという効率的な動き方ができるわけもなく、掃除のローテーションをこなしきれず、午前十時の休憩はほとんど取ることはできなかった。

後で聞いたのだが、そんな私に対するSさんの一番の懸念は、「フリーライターなどという仕事をしていた人にトイレ掃除ができるのか？」ということであったらしい。私の前に金地院に採用された同世代の女性は、「求人票に案内の仕事と書いてあったから来たのに、トイレ掃除なんて！」と即刻、出て行かれたという。

金地院のトイレは〝外トイレ〟と呼ぶ拝観者用の男女各一の個室と、〝内トイレ〟と呼ぶ檀家さん用の室内のトイレが三か所（八つの個室）がある。

ご住職も同様の懸念を持っておられたと聞いた。たしかに公共的なトイレの掃除といえば小学校高学年のときの校内トイレの掃除以来。昔も率先してやっていた記憶はないが、京都でいろいろなお寺を取材させていただいた経験上、お寺にとってトイレ掃除が修行の一つに位置付けられていることは知っていた。

金地院の仕事を選んだのも、「体験を書く」という目的があってのこと。その意味では、掃除も、私にとっての取材対象であり修行。

当初は外トイレの掃除をしているときに拝観客と鉢合わせをし、「ちょっと、待ってください」と気まずい思いをしたこともあったが、次第になんとなく、きょうはこの時間帯に掃除をすればお客さまとかち合わないという感覚のようなものができてきた。「習うより、慣れろ！」という格言通りの、積み重ねの日々だった。

金地院のトイレは外から見ると板囲いの、いかにも寺の厠（かわや）的な雰囲気だが、中は便座もスイッチ一つで温かくなる最新の洋式。晩秋から早春にかけては朝、スイッチをONにして、夕方のトイレ掃除が終わればOFFにする。

「きれいなトイレは、使う人もきれいに使う」の理（ことわり）通り、基本的には家のトイレの汚れレベルで掃除が片付いたことも幸いし、Sさんやご住職に長く気を揉ませずにすんだ。

日給は七二〇〇円（試用期間は同六九〇〇円）。ひと月分をまとめて月末に現金でいただく。初めて「今月のお給料です」とご住職から現金を、硬貨以外はすべて新札で渡されたとき、思わず「銀行振り込みじゃないんですか？」と問い返したのを覚えている。

帰りの地下鉄が一緒だったお庭担当のUさんに「いまどき、現金なんて珍しいですね」と笑い話感覚で話しかけると、Uさんは「新品のお札は気持ちいいじゃないですか。昔はどこもこうでした」と意気軒昂として話された。

デジタル化が急速に進むいま、賃金の支払いも瞬く間に電子マネーにとって代わられるのだろうが、そんなとき、いまの四、五十代のサラリーマンは「銀行振り込み」を懐かしむのかもしれない。

ともあれこの現金払いとともに、もう一つ想定外だったのはランチ難民になりかけたことだ。

南禅寺のある岡崎周辺といえば京都でも屈指の観光スポット、ランチをする店などいくらでもあると思っていたが、重要文化財級の寺と別荘が立ち並ぶこの界隈の食事処といえば、高級料亭や一流ホテル。そんなところに行こうものなら、一回のランチで一日の稼ぎは吹き飛ぶ。図書館や美術館のある岡崎公園あたりには値ごろな店もなくはないが、お昼休みの一時間で往復するのは困難。

Sさんに聞くと、「近くにコンビニもないし、みんなお弁当持ち」とのこと。

出勤時間の午前七時四十分までにわが家から南禅寺界隈まで行くためには午前六時二十分には家をでなければならない。夜型というより、夜中型のライター暮らしをしていた身には厳しい早起きだが金地院で働くと決めた以上、「起きられませんでした」はあり得ない。

就寝を午後十時と決め、お弁当を作る時間も考慮して午前四時五十分に携帯電話のアラームをセット。人生初体験になる週三日のお弁当作りも日常に加わった。

その結果、初めの三か月は寝不足、腕、肩、腰、膝…全身の筋肉痛に悩まされた。

♠閑話休題① 「三時のおやつ」

金地院では、三時の休憩のときに必ず〈おやつ〉が出る。

ドラ焼きであったり、個包装のカステラであったり、箱入りのビスケットであったりと基本はご住職が近くのスーパーマーケットで自ら買ってきてくださる甘いものだが、春は桜餅やうぐいす餅、秋は栗餅、旧暦の十一月には「亥の子餅」、冬は火の用心を願って食べる紅白の「お火焚（ひたき）饅頭」など京都ならではの季節の和菓子を老舗和菓子店から取り寄せてくださることもあった。

お火焚き饅頭を食べるのは祖母が生きていたころ以来、懐かしさに心がほっこりとした。

一方で、夏の暑さ対策としてわれわれスタッフが独自に作っていたのが、かき氷。

Tさんが家庭用の電気かき氷器を「寄付するわ」と持ってこられ、スタッフ控室の冷凍庫で氷を作り、手の空いているメンバーが三時の休憩に手早く氷を削った。イチゴやブルーハワイなどの氷蜜も買い揃え、紙コップ一杯の涼を楽しんだ。

特別感があったのは、年の瀬にご住職自らが小豆を炊いて作られる「おぜんざい」。

その日の出勤者しか食べられないので、私も三年間で当たったのは一回だけだったが、小豆のほどよい風味は食レポをしたくなるほどのおいしさ。ただ、昔からの決まりという、一人当たり三個のお餅を、お昼のお弁当を食べてその三時間後にいただくのは、さすがにきつかった。

また、三時のおやつではないが、新年の初出勤の日には、ご住職からお声がかかり、庫裏の書院でご住職自ら点ててくださるお抹茶をいただくしきたりもあった。主菓子は上用饅頭、お年玉にいただいた白い小箱には、富有柿とみかんが入っており、いかにも京都のお寺らしい情緒があふれていた。

働くシニア集団

「鶴亀の庭」の白砂と結界

私が金地院に加わったときのスタッフの平均年齢は六十歳代後半だった。最年少はSさんの六十歳で、最高齢は勤続年数十九年という金地院の生き字引・Yさんの七十九歳。まさに〝働くシニア集団〟である。前職はホテルマンあり、銀行マンあり、エンジニアあり、生命保険の外交員ありとさまざま。私以外はハローワークを通しての応募と聞いた。

お寺に少しなじんだころ、金地院に勤めた動機をそれぞれの方にさりげなくたずねると、定年退職後、年金はあるが、現役時代と同じぐらいの小遣いはほしい。まだ、働けるがフルタイムはちょっとしんどい。週三、四日で、かつての同僚から「いま、何してる？」と聞かれて、体裁の悪くない仕事、という条件で探した、というのがほぼ共通する答えだった。

シニアの就活条件、まさにここにありだ、と思う。

もちろん私のような変わり種は別だが、私のほかにもう一人、定年退職組タイプには見えない人がいた。お庭担当のTさんだ。

ご住職の指示はきちんと守られるが、現場感覚でおかしいと感じたことは、遠慮なく告げられる。最初はどんな人なのだろうと遠巻きに見ていたが、本業は友禅作家と聞き、その職人気質に納得した。

Tさんの仕事ぶりはといえば、プロの庭師さんも舌を巻くほどの器用さで、伸びすぎた木の枝を切り落とすせん定などの一般的な庭の管理だけでなく、「鶴亀の庭」の白砂に独特の道具を使って「波紋」を描いたり、境内の奥に自生している竹を切り出して竹垣を作られたりするほか、お寺で使う竹ぼうきなどもササっと作ってしまわれる。

奥の書院の雨樋に落葉が詰まり、水がザーザーとこぼれだすと、業務連絡用のトランシーバーで「Tさ〜ん！」と叫ぶ。すると、脚立をかついで駆けつけてくださり、あっという間に落葉を取り除いてくださる。

ただ閉口したのは、Tさんが乗る脚立の下に立ってチリトリで落葉を受けるのだが、このとき濡れた落ち葉の泥水がはねて顔にかかる。二回目以降は、しっかり帽子をかぶり、レインコートを着て、下を向いてチリトリだけ捧げ持つというスタイルを身につけた。

また、お正月前には「鶴亀の庭」を囲む青竹の結界も自作されていた。寸法を合わせて切り、割り木を曲げて一年を経た竹と取り換える。障子貼りもお手のもので、私も一度手伝ったが、「古い障子の紙をはがして」と言われ、穴をあけて破いた時点で、「あんたは才能無し！」とお払い箱になった。

樹木や苔にも詳しく、アヤメ・カキツバタ・ショウブの見分け方から半夏生（ハンゲショウ）、ビャクシン、アラカシ、トガ、モッコクなどお寺に植えられている花木の名前もたくさん教えていただいた。驚かされたのは、秋になると金地院の境内のあちこちに顔を出すキノコを採って帰られること。聞くと、「これ、うまいで」と。

東北のお生まれで、子どものころ近くの里山で自生のキノコを採って食べておられたといい、私などが見るといかにも怪しそうなキノコでも頓着（とんちゃく）無し。一度も腹痛になったことはないそうなので、Tさんのキノコ狩りをみると、「あれも多分、食べられるキノコなのでしょうね。食べる勇気はないですけど」とYさんと苦笑を交わしたものだった。

私に「なんで、金地院に来たんや」と真っ先に聞いてこられたのもTさんだった。「好奇心です」と答えると、「それやったら、わかるわ」とニンマリ。

長雨の続く梅雨時もカッパを着込んで黙々と庭の手入れをされ、「雨の中、お疲れさまです」と声をかけると、「金をもろてるんやから、今日すべき仕事は今日する。天気は関係ない」と淡々と言われた。

Tさんが仲間と毎年催されているという友禅のグループ展に行ったとき、普段の印象とは違う、少女と植物をコラージュした〝キモカワ〟系の作品を出展されていたのが興味深かった。

Tさんは私より一か月早く退職されたが、その裏表のない言動にはいつも助けられた。

最初のローテーションでご一緒だったもう一人のお庭担当、Uさんは穏やかな方だった。製薬会社にお勤めだったといい、定年退職を機に金地院に来られ、金地院の定年である六十七歳を越えた後も引き続きお庭の管理をされていた。

お寺では、作業着で軽快に動かれていたが、通勤はいつも背広と黒いカバン。うちの父もそうだったが、昭和のサラリーマンは交通機関を使って外出するときは背広、なのだろう。そして夏は開襟シャツ。どこから見てもTシャツ姿など想像できないお人柄だった。

また、閉門間近の夕暮れ、東照宮や開山堂の戸締りを終えてUさんが本堂の前を通られるとき、一羽のアオサギが「鶴亀の庭」に飛来することがあった。アオサギが来るのはいつもUさんがその日に「鶴亀の庭」の草取りをされ、整った庭を眺めるために本堂の外縁に腰をかけられているときだった。

ゆったりと白砂の上を歩くアオサギに、Uさんが「失敬！」というように片手をあげられると、アオサギもすっと飛び立つ。メルヘンのような風景がそこにあった。

Uさんは「八十歳までは、この庭の世話をしたい」とおっしゃっていたが、その一年前に勇退された。

一方、頭があがらなかったのは、金地院の生き字引きで、元ホテルマンのYさんだ。ご住職のお世話からお寺の法要、檀家さんの法事の準備まで取り仕切っておられる家令のような存在。定年退職後、最初は受け付けとして金地院に入られたそうだが、あるときピンチヒッターで仏間の花を生けられたところ、ご住職に「なかなかよいですね」と気に入られ、奥向きの仕事をされるようになったと聞いた。

それだけに生け花はもちろんお寺の行事にも詳しく、ときどきの行事に必要なお軸や毛氈、儀式用の椅子などをどこからともなく出してこられ、さまざまな道具の並べ方からお供物、お花の準備まで一切を心得ておられた。

当初、割り当てられた膨大な掃除が一日では終わらず、「毎日六回の案内がある繁忙期は、掃除量を減らしてほしい」とご住職に直談判しようとYさんに相談したところ、「でけるようにやったらええ。お寺の時間や決まりには、世俗と違うとこがあるから、なんでも直球いうのはな…」とやんわりとたしなめられたこともあった。

Yさんのお手伝いをするとき、戸の開け閉めから、結界の運び方まで少し緊張しながらもここでしか学べないお寺のしきたりをのぞかせていただいたことは貴重な経験になった。

もちろん一番お世話になったのは、私の指導係でもあったSさんだ。

Sさんが金地院で働き始められたのは五十歳のときだったという。幼稚園教諭とホームヘルパーの資格も持つ多彩な方で、そうした仕事の経験もおありだが、息子さん二人が高校、中学に進学したのを機にハローワークを訪ね、金地院と巡り合われたと聞いた。

「お寺だから時間的にゆっくり働けそう、と思ったんだけど…」

当初は、案内係が三人で、大学などからの見学の申し込みが多かったそうだが、お掃除は私のとき以上に厳格な昭和スタイルだったらしく、「先輩から、掃除の仕方を叩き込まれたわ」と苦笑交じりに話されていた。

就業日の関係で私は外れていたが、Sさんは重要文化財の「東照宮」のお掃除も担当されており、本殿・石の間・拝殿の三部からなる、京都で唯一とされる権現造り（ごんげんづくり）の社殿の内外を、これまた雑巾やほうきを手に半日かけてお掃除されていた。

もっとも、私がSさんにくっついて仕事ができたのは、研修期間の一週間のみ。それ以降は原則、Sさんと私が同じ日に仕事をすることはなくなった。とはいえ、わからないことだらけの〝ど新人〟。普段の業務連絡は日記形式の連絡帳に書き綴り、Sさんに何でもかんでも聞いていた。

例えば、雨が続いているときの庭掃除への対応しかり、モップが壊れたのでどうすればいいのか？　落ち葉掃きの進み具合から、本堂で他のお客さまの迷惑も顧みず大声を出してしゃべる人への注意の仕方。さらには池のコイのエサの置き場所まで、愚痴も含めこまごまとしたやりとりを連絡帳でフォローしていただいた。

モップの柄が根もとの金具付近で折れたときは、モップバケツも含めた新しいセットに買い替えてもらえると思っていたのだが、柄が折れてギザギザになった箇所をTさんがのこぎりで数センチ切り落とし、金具の穴にはめ込んで、「ちょっと短かなったけど、これで使えるわ」と。

知らず知らずのうちに、なんでも買い替えればいいと思っていた自分の暮らしを大いに反省させられた。

そんな〝一人働き〟の日々であったが、例外的に二人出勤体制になる日もある。お盆やお彼岸、お寺の行事である開山忌法要の前後や年末の大掃除、一度に四十人以上の団体のお客さまが来られるときなどだ。そんなときは、その日にすべきことだけでなく、日常的な仕事の工夫もたくさん教えてもらった。

忘れられないのは、茶道関係のお客さまが約四十人、午前九時から一時間で特別拝観をしたいとのお申込みがあったときのこと。

こういう日はその時間、案内係二人体制でお迎えし、本堂からと、奥の書院からの二手に分かれて案内するのだが、ただでさえ慌ただしい朝のルーティーンの掃除の合間をぬって、Sさんはお客さまが来られる前に茶庭にていねいに水を撒いて苔の緑を引き出し、「お客さまが見たいと思う景色を演出するのも案内係の仕事」とほっとしたように言われた。重要文化財の寺で働く気概を学んだ一事だった。

一方、よくプチバトルを戦わせたのは受け付けのお二人とだ。いつもは、同じ班のHさんとしか当たらないが、それぞれの所用で出勤日を変更することがあると、相手が変わり、Mさんとのコンビになる。

そんなときSさんと私の意見が一致していたのが、案内係と受け付けでは「金地院のために」という思いは同じでも、「そのベクトルの向きは、真逆」という結論だ。

受け付けはお寺の収入面を考えて一人でも多くの特別拝観のお客さまを入れたいという思いが勝つが、案内係はお客さまに満足していただくためには、茶庭に落葉があってはいけない、本堂が汚れていてはいけない…つまり、見ていただく状況が整ってこその特別拝観という気持ちが先に立つからだ。

なかでも朝イチの案内となる九時半、この時間帯にお客さまの予約や当日申し込みが無ければ、次は十時半まで一時間お掃除タイムが確保できる。だからなるべく「お客さま、来ないで！」と願っていた。

受け付けからトランシーバーで「九時半のお客さま、ゼロです」という連絡が来れば、即、「よっしゃ！」とお掃除モードになる。

そんな中、九時四十分ぐらいに、「九時半のお客さま、お一人受け付けました」などという連絡が来るときがある。当然こちらは、「すみませんが、定刻を過ぎているので十時半の回にしてもらえませんか」と答える。しかし受け付けから返ってくるのは、「お客さま、本堂に向かわれました」との声。

つまるところはお客さま優先なので、落葉を掃きかけの竹ぼうきを縁の下にほうりこみ、整っていない茶庭に無念を感じながらお客さまをお迎えすることになる。

試用期間の三か月が済み、「定刻超過は五分まで」というルールを決めるまでは、日々の掃除もままならぬ新人スタッフの私はいつも勝手に受け付けのお二人に憤っていたように思う。

とはいっても、特別拝観問題以外は、お客さまが混んで、三時の休憩に戻れない私のおやつを取っておいていただいたり、足の悪いお客さまから「タクシーを呼んでもらえないか」と頼まれて連絡すると「わかりました」とすぐ対応してくださったりと、協力体制はできていた。もちろん、受け付けのお二人からすれば、私など小生意気な新参者であったにちがいない。

振り返れば、金地院で働く上で何より有難かったのは、スタッフ同士がお互いに深入りしないソーシャルディスタンスが保たれていたことだったと思う。

人生経験も社会経験も積んだシニア集団であることに加え、各人の仕事が独立していたことも幸いした。組織の中で働いてきた人はまた別の感想を持たれるだろうが、それぞれがそれぞれに日々の仕事をこなすというスタイルは、私にとっては居心地のいい環境ではあった。

♠閑話休題② スプリンクラーとシロアリ

重要文化財である金地院の本堂の屋根は「こけら葺き」という、薄い手割りの一寸（約三センチ）幅の椹（サワラ）の板を葺きあげていく工法で葺かれている。寺社にとってもっとも恐ろしい緊急事態は火事だが、金地院でもそうしたリスクに備えスプリンクラーが本堂に設置されていた。

ある日、作業員の方が本堂に来られ、「スプリンクラーの点検、作動試験をします。屋根から水が流れてきますので…」と言って去って行かれた。と、その数分後、晴天なのに本堂の大屋根から水がザー。一瞬、何が起きたかわからなかったが、これがさっき聞いた「屋根から水が…」の実際かと思い至った。お寺のスプリンクラーの作動という稀有な体験ができたのも金地院ならでは。好奇心が満たされた出来事だった。

また、こんなこともあった。

本堂と接する西側に、長さ約二十メートル、幅約六メートルの禅堂がある。中には、床几のような「単（＝たん＝禅堂で修行僧が座る場所で広さは畳一畳分）」が数台、二列に向きあって置かれている。もちろん、この単の雑巾がけと禅堂の床、板張りの外縁のモップがけもSさんと私の仕事で隔週でやっていた。

金地院で働き始めてまだ日の浅いある日、禅堂の外縁のモップがけをしていたとき、足元の板が軋んだことがあった。何とも言えない違和感があり、かがみこんでその箇所を見ると、白っぽい羽アリがいた。

「うん？　これはもしかして…」

実は、以前にシロアリ駆除についての取材をしたことがあった。外からは見えない寺社の木の壁の中にシロアリが巣くうことも多いと聞いていた。重要文化財の本堂の隣、もし本当にシロアリだったら大変だ。間違っていれば謝れば済むと、ご住職に報告した。

ご住職はすぐに出入りの工務店に連絡をとられ、大工さんが床下に潜ってシロアリの食害を確認。駆除業者を呼ばれた。

作業中の駆除業者さんに聞いたところ、床下修理をするほどにはいたっていなかったそうだが、十平米ぐらいシロアリに喰われているところが二か所あり、薬剤を散布されたとか。重要文化財は、さまざまなメンテナンスのプロによって守られていると、実感した出来事だった。

金地院という寺

開山堂

京都には多くの寺院がある。洛東、洛西、洛南、洛北…どのエリアにも各宗派の本山や観光寺院が建ち並ぶ。

洛東・東山にある臨済宗南禅寺派大本山「南禅寺」も、四季を通じて国内外の人々が訪れる観光スポットとして高い人気を誇る寺だ。私の職場であった金地院は、この南禅寺の塔頭寺院の一つ。

その始まりは室町時代の応永年間（1394～1428年）、足利四代将軍・義持の帰依を得た南禅寺六十八世住持の大業徳基禅師が京都・北山の鷹ケ峯（たかがみね）に開創したと伝える。しかしその後、都を十一年もの戦乱に巻き込んだ「応仁の乱」（1467～77年）によって荒廃。

それを、大業徳基禅師の法孫である崇伝禅師が現在地に移し寛永四年（1627年）、「新金地院作事」と称する大工事に着手し、小堀遠州らの協力を得て、大方丈、東照宮などの建立をはじめ、枯山水庭園（鶴亀の庭）も整備、寛永九年ごろに完成、中興したとされる。

金地院には狩野派の襖絵をはじめ寛永文化が息づく文物が多いが現在、重要文化財に指定されているそれらの文物をこの寺にもたらしたのも、崇伝禅師その人だ。

とはいっても私自身、金地院で働くまで、この寺に関する知識といえば、大坂冬の陣のきっかけとなった方広寺の鐘銘事件で「国家安康」「君臣豊楽」の文字を探し出し、豊臣の滅亡に加担した金地院崇伝というお坊さんの寺、という程度だった。

お客さまにしても、京都・東山の観光名所、南禅寺の塔頭ではあるが、わざわざ「金地院」を訪ねてみようという方は残念ながら、少数派。特別拝観で案内を申し込まれるお客さまでも、「南禅寺は好きで何回となく来ているから、このお寺があるのは知っていたけれど、いつも素通りしていた」という方が多い。

が、この寺で働くようになり、ご住職から金地院の〝基礎知識〟的な資料をいただいたり、自分でも調べたりしているうちに、崇伝という僧の卓越した力を意識するようになった。

字（あざ）は以心、崇伝は法名。室町幕府を築いた足利氏と同族の一色（いっしき）氏の出身。永禄十二年（1569年）、紀伊守式部少輔一色秀勝の次男として京都に生まれる。しかし天正元年（1573年）、室町幕府の滅亡により南禅寺の玄圃霊三（げんぽれいさん）禅師の元に身を寄せ、家門再興の機会をうかがうが時を得ず、出家。のち南禅寺第二百六十二世住持で金地院の靖叔徳林（せいしゅくとくりん）禅師の法嗣（ほうし＝師の教えを受け継いだ仏法の弟子）となる。

慶長十年（１６０５年）、三十七歳という若さで第二百七十世南禅寺住持となり、応仁の乱で伽藍を焼失した本山の復興にも力を尽くし、南禅寺中興開山とも仰がれる。その後、慶長十三年、大御所政治を敷いた徳川家康に召されて駿府に赴き、十五年、駿府に金地院を建立。本多正純、板倉勝重、南光坊天海、林羅山、茶屋四郎次郎、角倉了以、ウィリアム・アダムス（三浦按針）ら家康が集めた各方面のエキスパートとともに家康のブレーンの一人として幕政に参画する。

本多正純は家康の側近として絶大な権限を持った人物。南光坊天海は天台宗の大僧正でありながら、実は明智光秀だったという伝説がいまもまことしやかにささやかれるほど、前半生については謎に包まれた怪僧。林羅山は封建的身分社会の秩序を固める基盤となった朱子学に精通した儒学者。茶屋四郎次郎、角倉了以は豪商。ウィリアム・アダムスは関ケ原の戦いのわずか半年前、慶長五年（１６００年）に日本に漂着した、日本に初めて来たイギリス人。少年時代に船大工の徒弟経験があり、イギリス王立海軍にも在籍しスペイン・ポルトガルと戦うなど、キリシタンの布教に専心するイエズス会と一線を画していたことなどから家康に重用され、航海士としての経験を生かした外交政策の立案などに関わった。

そうした異能集団の中で、崇伝はどんな役割を担っていたのだろう。

当時、僧侶は最高の知識と教養、幅広い人脈を持つ存在と考えられており、卓越した情報収集能力と問題解決にあたる分析力を為政者から期待されていたという。

崇伝を家康に推挙したのは、五山・十刹・諸山官寺の住持の任免や位階昇進などを握っていた鹿苑僧録（ろくおんそうろく）の西笑承兌（さいしょうじょうたい）で、外交文書の作成にもあたっていた僧侶という。

徳川時代というと鎖国のイメージが強いが、家康は政権を掌握した当初、外国との貿易を盛んにすることに力を注いでおり、文名の高かった僧侶を朱印状の実務や外国との交渉にあたらせていた。そして承兌が没し、その後を継いだ圓光寺元佶（げんきつ）の補佐として崇伝が加わり、元佶の死後は、崇伝が一人でこの任にあたったという。

崇伝が残した「異国日記」という資料がある。日本の近世の外交史を知る上で最重要といわれるもので二巻からなる。

私がこの書に出合ったのは、国会図書館デジタルコレクション「異国日記抄」（村上直次郎　校註　三秀舎　１９１１）によってだった。

それによると、崇伝が記したと確認されている第一巻は、慶長十三年（１６０８年）から寛永六年（１６２９年）に至る諸外国と交わした書簡などが収められたもので、慶長十三年七月十四日、崇伝が二代将軍秀忠の面前でフィリピン諸島長官からの書翰を読むことから始まり、寛永六年十月暹羅（シャム＝アユタヤ王朝）の使節が江戸を発して帰国することで終わる。

その間の記述には「呂宋（ルソン）」「伊須波二屋（イスパニア）」「濃毘数般（ノビスパン＝スペイン帝国副王領、現在のメキシコ）」、「インカラテイラ（イギリス）」など大航海時代に跳躍した国々の名が見られる。

崇伝はこうした外交文書の翻訳や作成だけでなく、東南アジア各地に向けた貿易船の特許状である「異国渡海朱印状」の調製や、国内の安定を目指した伴天連追放之文、武家諸法度、禁中並公家諸法度、寺院に向けての五山十刹諸山法度を起草するなど徳川幕府の根幹となる制度整備に広く関わったとされる。

ここからは私の空想だが、慶長十三年から家康が亡くなる元和二年（1616年）の約八年間、駿府の家康のもとには崇伝とウィリアム・アダムスがともにいた。「異国日記」の中にもイギリス国王の使者が王の国書を持って駿府に登城。それをアダムスが和訳したという記述がある。当然、崇伝も側に控えていたのではないか。

海を越え、世界を見てきたアダムスに対する崇伝のあこがれはいかばかりであっただろう。外交文書のとりまとめを二人が共にすることがあったとしたら、そこにどんな会話が交わされたのか。目を輝かせてアダムスが語るヨーロッパに思いをはせる崇伝の顔が浮かぶ。

ちなみに、「異国日記」は、六代将軍・徳川家宣に侍講（じこう＝君主に学問を講義する役職）として仕え、後に「正徳の治」と呼ばれる文治政治を行った朱子学者・新井白石が正徳二年（1712年）に金地院で「本光国師日記」を調査していたときに〝発見〟。後に、江戸末期の北方探検家・近藤重蔵（守重）が江戸時代初期から中期までの諸外国との往復文書を国別、編年順に考証した外交文書集「外蕃通書（がいばんつうしょ）」を編纂する資料として用いたという。

さらに崇伝はもう一つ、豊臣から徳川への時代の転換期をつぶさに記した貴重な資料を残している。

「本光国師日記」（四十六冊、重要文化財）だ。

慶長十五年（1610年）から寛永十年（1633年）まで、約二十四年にわたって崇伝自身が書き記したもので、その中には大坂冬の陣、夏の陣、大坂城落城、豊臣氏滅亡という、時代が大きく動いた慶長十九～二十年（1614～15年）にかけての記述をはじめ、大御所・家康や将軍・秀忠の動向、宮家や大名、公家、各寺院との文のやりとり、家康によって戦国の時代に一応の終止符が打たれ、平和な世の到来を予感した崇伝が南禅寺の復興とともに、「新金地院の造営」という目標を掲げて京都・金地院の中興に尽力した様子など、大事件から日々の出来事までその時代のありのままの事実が粛々と重ねられている。

例えば、大坂冬の陣が始まったとされる慶長十九年十一月十九日前後の記述には、将軍（徳川秀忠）が七日に長原に到着し、伏見を経由して十一日に京都の「二條之御殿」に御成りになったこと。十月二十三日に京都に先着していた大御所（徳川家康）が、近日中に出馬し、奈良の法隆寺に一泊し、住吉に本陣を置くという知らせを受けていること。

伊達政宗が「御先手」として五日の夜に大津に着陣していること。「大坂表」では、平野に松平下総、住吉に藤堂泉州、「紀伊國衆」といった武将たちが続々と集結している様子が時系列で詳細に記され、崇伝の元に逐一情報が集まっていたことをうかがわせる。

また、京都・新金地院の造営に心血を注いでいた寛永四年（１６２７年）八月の下旬には、南禅寺の良長老（第二百七十四世南禅寺長老で、二代金地院住職の最岳元良）に書状を出し、設計をはじめいろいろな〝好み〟を申しつけているほか、京都所司代の板倉防州にも覚書を言上。

小堀遠州には、「南禅寺金地数寄や、くさりの間之さしつ」などを頼むという書状をしたため、狩野采女（うねめ＝後の探幽）へは、金地院の方丈の絵のことを、狩野内匠（たくみ）には「奏者之間。ひらかミ絵」を申し付けるとの書状を出している。そして大工頭である中井大和守にも、「唐門」のことなどについて矢継ぎ早に書状を出し、江戸にいるときも自ら造営の指揮にあたっていた様子が見て取れる。

といっても、この「本光国師日記」に書かれているのは、こうした日本の歴史に直接結びつく重大事件や、南禅寺をはじめとする寺院に関わる事柄だけではない。

「院御所へ本借りニ進候覚」として「日本後紀」や「類聚國史」など二十冊の書名をあげていたり、墨蹟の真贋を依頼された顛末について書いていたり、また、「尾張大根一箱来ル。廿五本入」、「干ひよう五十は。白はし五百は。白ろミそ六升五合」

「木練柿五拾下ル。此柿ハ語心院ノ柿之由也」などと、さまざまな到来物についてもこと細かにつづり、それぞれに礼状をしたため、大量に届いたものについては、間を置かず他所にも分けるように指示を出していることなども書き連ねている。

木練柿（こねりがき）とは、枝になったままで甘く熟する柿。語心院は、江戸時代にあった南禅寺の塔頭。このことが書かれているのは、寛永四年の九月二十二日だが、崇伝は大工事中の南禅寺への懐かしさがつのったのか、「此飛脚新座者也。名を勝五郎ト云也」と、柿を届けた飛脚の名前まで記している。

元和五年（1619年）には、それまで相国寺内の鹿苑院の院主が任じられてきた、全国の寺社を統括する僧録司（そうろくし）を拝命（以後、明治維新までこの任は代々金地院の住職が務めることになる）。寛永三年（1626年）、後水尾天皇より「円照本光国師」の諡（し）号を賜る。

家康亡きあとは徳川二代将軍・秀忠、三代将軍・家光にも仕え、江戸・金地院と京都・金地院を年に一、二度往還しながら政務を執ったという。

室町幕府を開いた足利氏の同族の子という出自の良さ、三十七歳という若さで南禅寺住持となるという抜きんでた器量と才知、家康に見いだされ、二百六十年続く徳川政権の基盤となる制度の制定に次々と関わった無類の政治感覚…崇伝が徳川幕府の安泰、ひいては戦のない世を築くために果たした役割ははかりしれない。

そんな崇伝を往時の人々は「黒衣（こくえ）の宰相」、金地院を「大名寺」と呼んだ。しかし一方で、その権勢を憎まれ、「大欲山気根院僭上寺悪国師」との悪名も残る。現代においても、崇伝の多岐にわたる業績より、大坂冬の陣のきっかけとなった「方広寺銘鐘事件」や、沢庵（宗彭＝そうほう）和尚との対立で有名な「紫衣事件」による敵役のイメージが勝っているのは残念なことだと思う。

崇伝は寛永十年（１６３３年）、江戸滞在時に六十五歳で遷化。

死に臨んで、「六十五年、閃電猶遅、末期一句子作麼生（すそもさん）、萬機莫レ測、千眼難レ窺」（寸刻を惜しんで蓋天蓋地吾道を時の経るのも忘れて邁進し、為すべき事を美事に成し遂げ、天下国家のために尽くした生涯を、あれやこれやと無駄な詮索はやめよ。仮令（たとい）仏祖といえども、仮令鬼神といえども、この私の境涯を窺い識ることはできないのだから＝淡交社刊「金地院」佐々木玄龍・井上隆雄著より）と遺偈（ゆいげ）を残す。崇伝が歩んだのは、己の信じる道であった。

遺骨は京都金地院に運ばれ、開山堂に眠る。

♠閑話休題③「本光国師日記」と開山堂の崇伝像

私が「本光国師日記」と出合ったのは、金地院で働き始めて半年ほど経ったころだった。

お客さまに「八窓席は、なぜ小堀遠州の作とわかるの？」と問われ、「遠州が設計したという記録が残っていると聞いています」とマニュアル通りの答えをしたところ、お客さまがさらに「なんという記録？」と聞いてこられ、答えに詰まってしまったのがきっかけだ。

八窓席や小堀遠州について書かれた本や図録を片っ端から調べるうちに、遠州と金地院の関係を示す原典が「本光国師日記」であることにたどり着く。京都府立図書館（京都市左京区）で、国会図書館デジタルコレクションの「新訂　本光国師日記」（校訂・副島種経　続群書類従完成会　1966）を閲覧。

最初は、金地院の新造営に関わる寛永四年あたりの記述だけを見ていたが、たどたどしく読み進むうちに日記の行間に、一般に流布している崇伝＝悪僧説とは真逆の、正義を重んじ自分の気持ちにまっすぐで、情もあればうろたえもする〝人間・崇伝〟を感じるようになった。

例えば、前述の「木練柿」を届けた身分の低い飛脚の名前も、秋の京都の紅葉の様子でも知らせられたのか、どこか楽し気に記していたり、墨蹟の鑑定を依頼されて、真筆であるときはいかにもよかったという風に、贋作であったときは、贋作で一儲けしようとする者への怒りがにじんでいたりするような行間のあやを感じた。

また、新金地院の造営のために自身が秘蔵していた古墨蹟を金子大判三百枚で久留米藩主・有馬玄馬頭（ありまげんばのかみ）に譲ったことを記した項では、「申すまでもなく過分な金子」だからと、これを置く場所には念を入れ、人に見つからないように、三階の大長櫃に置いてはどうか、など大金の扱いに戸惑っている様子ものぞく。

もちろん、これは私の妄想にすぎないのだが、「本光国師日記」から見えてくる崇伝禅師は、〝大欲山〟などと揶揄される悪僧の面影はみじんも無い。

崇伝禅師の肖像画といえば狩野探幽が描いたものが有名だが、この絵の崇伝禅師には老練な政治家のにおいがある。一方、金地院の開山堂に祀られた彩色された崇伝禅師の木像は、当時の男子としては珍しく、身長が百八十センチを超えていたという若き日の健やかさを感じさせる。

本物を肌で感じる

明智門

金地院という寺について簡単に紹介するつもりが、崇伝禅師の業績にまで深入りしてしまった。ライター稼業をしてきた者の性としてご容赦いただきたい。

金地院での私の〝お仕事〟に話を戻そう。

お掃除とともに、特別拝観のお客さまへの説明も私たち案内係の仕事となる。

金地院の拝観は、国の特別名勝である「鶴亀の庭」や重要文化財の「東照宮」など境内の庭や建物をお客さまご自身で散策していただく一般拝観と、お庭の見どころ、寺の成り立ち、本堂内や書院内の重要文化財の襖絵、茶席などを私たち案内係が説明する特別拝観の二本立てで行っている。

一般拝観は五百円。特別拝観には別途七百円の拝観料が必要となる。（※金額は大人料金）

一般拝観のコースは、拝観受け付けから松並木が斜めに植えられた石畳の先にある「明智門」をくぐり、左に曲がって東照宮を目指して順路に沿ってまわっていただく。

明智門は、その名から推測される通り、明智光秀が母の菩提を弔うために天正十年

（1582年）、建立したもの。ただし、建立された場所は金地院ではなく大徳寺。明治初年に大徳寺から金地院に移築された。

なぜ、大徳寺にあったものが金地院に来たのだろうか。

同様に、江戸時代に金地院にあった伏見城の遺構の唐門（国宝）が、明治になって京都市東山区の豊国神社に移築されている。

このなんとも不可思議な、〝門の玉突き移築〟現象はなぜ起きたのか。

私的には、明治政府が行った神道国教化政策が背景にあると憶測しているが、それを示す資料には出合えていない。何かご存じの方があればぜひ教えていただきたい、金地院の謎の一つだ。

また、話が横道にそれてしまった。

明智門をくぐったお客さまは、目の前の弁天池を右に見ながら、つま先あがりの苔むした小道へと入っていく。しばし歩くと楼門があり、その門前から苔の小道は石畳の道に変わる。

楼門を外の金地院通りから仰ぎ見ると、左右に等身大の武官の像が置かれているのが見える。最初に見たとき、家康の四天王の誰かを写したものかと思ったが、ご住職にうかがうと「随身」と呼ばれる像で、東照宮を警護する役を担う存在だと教えていただいた。

初夏が来ると、この楼門をアジサイが彩る。

一方、春は手水のそばで、濃いピンクのシャクナゲがあでやかに咲く。森閑と静まりかえった石鳥居をくぐり石畳の正面を直角に折れると、ヤマザクラの木の向こうに東照宮（重要文化財）が見えてくる。

崇伝禅師が徳川家康の遺髪と念持仏を奉じ、小堀遠州に指図（設計）を依頼、寛永五年（1628年）に建立したものといい、本殿と拝殿を石の間でつなぐ、京都に現存する唯一の権現造り様式の建造物だ。御透門（おとうしもん）を抜け、東照宮を仰ぎ見る。

創建時は、日光東照宮と比されるほど絢爛たる華やかさをたたえていたそうだが、直近の修復は昭和三十五年。いまは、古色が勝る。

拝殿に置かれているのは、徳川将軍の旗印である扇型の「金扇馬印（きんせんばいん）」。これは創建時からあったものではなく、戊辰戦争（1868～69年）の初戦となった鳥羽・伏見の戦いで戦死した東軍の武士を悼んで伏見奉行所の東に建てられた記念碑の上に取り付けられていたものという。ここにも金地院と徳川幕府との強いつながりが見える。

一方、拝殿の天井に描かれた龍は、狩野探幽の筆。その下で手を打つと、鳴き声のような音が響くことから「鳴龍」とも呼ばれる。

また、拝殿のお厨子（ずし）の中には家康公の像が安置されている。私がいたころは非公開だったが、今年のNHKの大河ドラマ「どうする家康」に合わせてお厨子の扉が開けられ、遠目だが拝むことができるようになったそうだ。ただ、残念ながらお客さまの拝殿内への入室はできない。

そして、東照宮の北側の石段を下りると、崇伝禅師の墓所として造営された開山堂に出る。

開山堂には、崇伝禅師、金地院の開祖・大業徳基禅師、崇伝禅師の跡を継いだ最岳元良禅師の像のほか、崇伝禅師が江戸と京都を往還したときに唱えていたという羅漢経にちなむ十六羅漢像、達磨大師像、大権修利菩薩（だいげんしゅりぼさつ）像が祀られ、崇伝禅師の浄土への旅を見守る。

開山堂の前の放生池の石橋から眺める本堂と「鶴亀の庭」も美しい。東山を借景にしたその風情は威風堂々としていながらも、心を癒す安らぎがある。

ここまでは、案内係はつかない。お客さまがパンフレットや携帯電話で情報検索などをしながら散策される。

そして、ここからが特別拝観をお申し込みいただいたお客さまへの案内だ。

特別拝観のお客さまへのご説明は、本堂からスタートする。

靴を脱いで、本堂にあがっていただき、正面の高い位置から特別名勝「鶴亀の庭」を眺めていただく。いまから約四百年前、寛永九年（１６３２年）ごろに完成したというこの枯山水の庭は、小堀遠州の作庭を示す記録が唯一残るものとされる。

特別名勝とは、文化財保護法に基づいて制定されたもので、令和四年（２０２２年）九月一日現在、全国に三十六件。金沢の兼六園、岡山の後楽園などのほか、京都では鹿苑寺庭園（金閣寺）、龍安寺方丈庭園、慈照寺庭園（銀閣寺）、二条城二之丸庭園などがある。ちなみに、名勝は全国で約四百件。特別名勝と名勝の関係については、造園業者さんから「庭の国宝にあたるのが、特別名勝。重要文化財にあたるのが、名勝」と教えていただき、お客さまにもそのようにお伝えしていた。

本堂から「鶴亀の庭」を見ると向かって右手に鶴島、中央の「遥拝石（ようはいせき）」を挟んで左手に亀島が位置する。前面には白川砂が敷かれ、砂には波紋が描かれ宝船と海を象徴する。東山を借景に、正面奥の崖に組まれた三尊石組は蓬莱山を、背後の大刈り込みは深山幽谷の風情を現す。

遥拝石は畳三畳ほどある平らな一枚石で、「鶴亀の庭」の斜め奥、小高い場所にある「東照宮」に額（ぬか）づくための場所とされる。

この「鶴亀の庭」と東照宮を指図（設計）した小堀遠州（1579～1647年）は、安土桃山時代から江戸時代前期に名をはせた大名にして茶人。茶道、和歌、書などにも通じ、寛永文化の中心人物の一人として活躍、建築家・作庭家としても知られる。同時に幕府の要職である作事奉行として仙洞御所、二条城、名古屋城などを手がけたほか、金地院では茶席「八窓席」の指図も行っている。

茶は、千利休、古田織部の直系であり、「きれいさび」と呼ばれる自らの茶風を確立。徳川将軍家の茶道指南も務めた。

年齢は崇伝禅師より十歳年下ではあるが、崇伝禅師は遠州の茶道具の目利きに一目置いていたという。

「鶴亀の庭」をご覧いただいたお客さまに、くるりと振り向いていただく。その正面にあるのは、ご本尊・地蔵菩薩さまを祀る本堂の仏間だ。結界越しの説明となるので、内陣奥のお厨子の中に安置してある高さ八十センチほどのご本尊は、残念ながら見えない。そこで、仏間の手前に置いてあるご本尊の写真を見ていただきながら、

「伝・快慶作です」と説明する。

この仏間の襖絵は、探幽筆の「仙人遊楽図」（せんにんゆうらくず）。囲碁に興じたり、巻物を広げたりする仙人たちの幽玄の境地が描かれている。

仏間の、向かって右側にあるのが、探幽の弟・尚信が描いた鶴の襖もあでやかな「鶴の間」。お客さまの中には、「この部屋は、『鶴亀の庭』と呼応したデザインなの？」と聞いてこられる方もあるが、「そうかもしれませんが、そうでないかもしれません。尚信さんの言葉が残っていないので…。」とお答えしていた。

また左側の、奥に一段高い上段の間を設えた「富貴の間（諸侯謁見の間）」では、家光公の御成りが実現しなかったことともに、崇伝禅師が亡くなる前、家光公の御成りを見据えて綿密なタイムスケジュールを作成し、お供の侍の待機場所まで準備万端整えていたことなどをお話していた。

そして、頭上に目をやれば「金地院」という名の由来である「布金道場（ふきんどうじょう）」と大書された扁額がある。

書き上げたのは、江戸無血開城を成し遂げた一人、山岡鉄舟。

幕臣ではあったが廃藩置県に伴い新政府に出仕、静岡県権大参事、茨城県参事、明治天皇侍従、宮内少輔などを歴任し、明治期の官僚としても活躍した傑物だ。

そんな鉄舟が維新から数年後、かつて天下僧録として威勢を極めた金地院を訪れ、その荒廃ぶりを憂いて筆をとったのがこの書という。曰く「金地院は寺ではない、禅の道場である。よって、役人たちはこれ以上金地院に手を出すな！」。

「布金道場」という言葉は、釈迦の説法の道場であった祇園精舎の成り立ちに由来するもので、金地院の寺名の起こりという。剣の達人でもあった気迫あふれる筆致に、「どなたの書ですか？」と話しかけてこられるお客さまもあった。

そして、ここからが金地院の特別拝観の真の醍醐味となる。

結界の奥にある、杉戸を開け本堂の中へ入っていただくのだ。このとき、重要文化財を間近に見ていただくための文化財保護の観点から、大きなバッグだけでなく、携帯電話、カメラ、帽子も含めてポシェットでもすべての荷物を鍵のついたロッカーに入れていただく。

そこまで厳格にしなくても、と言われることが、ときにある。そういうときは、「文化財というのは、その物が生まれたときから多くの人の手によって守られてきたからこそ、いま、ここにあります。そしてそれを未来に無事に届けることが、いま、その物を見ることができる私たちの務め。アクシデントは起こってからでは取り返しがつきませんから」とお答えする。

金地院の重要文化財は、ガラスケースなどには入っていない。本来あるべき姿、江戸時代の人たちが愛でたであろう形で見ていただくのが金地院のモットーである。そこに携帯電話など持ち込む必要などあるだろうか。

ここでまずご案内するのは、「鶴の間」の後ろに設けられた、探幽筆の菊の襖絵のある十五畳の客間「菊の間」だ。ここでは、実際にお客さまに畳に座っていただき、絵と部屋の雰囲気を味わっていただく。

探幽は十三歳のとき、徳川二代将軍・秀忠に謁見、「海棠（かいどう）に猫」を描き、永徳の再来と称賛される非凡な少年だったといい元和三年（1617年）、十代半ばで幕府の御用絵師となり、その四年後に江戸城鍛冶橋門外に屋敷と所領を拝領、鍛冶橋狩野派を開いた。

水墨画や大和絵などの手法を取り入れながら、桃山時代からの狩野派の大画様式を、優美で瀟洒な様式へと変えた俊英として知られる。二条城二の丸御殿（京都市）、大徳寺（同）、名古屋城（愛知県名古屋市）の障壁画なども探幽の作だ。

高い天井や筬（おさ）欄間を仰ぎ見て、襖絵に目をやると、寂びた色合いの金箔を背景に、胡粉で描かれた白菊や緑青で描かれた菊の葉などが当時のきらびやかさを思い起こさせる。四百年という歳月の中で顔料が剥落している部分もあるが、その筆致は華やかさと力強さを併せ持つ。

加えてこの「菊の間」には、海北友松（かいほうゆうしょう）の手になるという「群鴉（ぐんあ）屏風」も置かれている。友松といえば京都・建仁寺の「雲龍図」が名高いが、水墨で約五十羽の鴉が描かれたこの屏風には不思議な妖しさと厳しさが宿る。

ご住職によると、もともとこの部屋にあったものではなく、昭和の終わりごろにご住職が金地院の蔵を整理されていたときに出てきたものといい、専門家に見せたところ、海北友松の作との言葉を得、「ならば、寺の宝。皆さまに見ていただこう」と天井の高い本堂のこの部屋に置くことにされたという。

海北友松は近江・浅井家の重臣の家に生まれた。一説には父の死をきっかけに禅門に入ったとも伝えられるが、織田信長の浅井攻めで兄たちも討ち死にしたため、還俗。海北氏の再興を目指すが叶わず、絵師となったとされる。

その一方で、明智光秀の重臣・斎藤利三と生涯をかけた友情を育むなど、その心底は終生武人であったともいわれる。そんな友松の雄々しい生きざまは、作家・葉室麟さんの小説「墨龍賦」に詳しい。

ともあれ、たおやかな探幽の菊図と、寂寥感あふれる友松の鴉図が同じ空間にある趣は金地院ならではのものだろう。

そして、特別拝観の案内をするたびにいつも思い出すのが、金地院に来て初めてS

さんから案内の研修を受けたときに感じた、本物を間近に見る衝撃だ。

金地院にある襖絵や屏風がすべて桃山時代から江戸時代初期のもので、この時代を代表する絵師、長谷川等伯や海北友松、狩野探幽、雲谷等益らによって描かれた本物であり、その本物をガラスケース越しではなく、畳一枚分ほどを隔てた至近距離で見ることができるという事実。

お客さまに、私の味わった感動を伝えたい…それが金地院で三年間働くことができた一つの理由かもしれない。

特別拝観を希望される方は、私の感覚では拝観者全体の約三分の一といったところ。観光ツアーのコースとして来られる団体のお客さまが中心になるが、個人のお客さまで多いのは、「拝観受け付けで特別拝観をやっていると聞いて」という当日申し込み。

一方で狩野派の絵に興味のある方、茶道関係の方、この寺を建てた以心（金地院）崇伝禅師に関心のある方など、こちらの知識を試される場面も多々あった。

この特別拝観が春秋の行楽シーズンや「京の冬の旅」の一環などとして、期間限定で行われているものではなく、「重要文化財を有する寺は、いつでも皆さまに見ていただけるようにしておくのが務め」というご住職のお考えから年中実施されていることも特筆すべきことだと思う。

◆閑話休題④ 金地院は「カラス好き?」

金地院には「カラス」の名がついた屏風が二つある。

一つは「菊の間」に置かれた海北友松の「群鴉(ぐんあ)屏風」。雪景色の中、眼光鋭くフクロウを囲む約五十羽のカラスが水墨で描かれており、ちょっと不気味な気配がある。

もう一つは、奥の書院に置かれた「濡烏(ぬれがらす)屏風」。こちらも水墨画だが、友松のカラスとは対照的にどこかユーモラス。

タイトルに「濡烏」とあるが、よく見るとお腹の部分が白い。実はカササギ。カラス科の鳥で、カチカチとなくことから「カチガラス」の異名を持つ。

佐賀県の県鳥でもある。

七夕伝説では、このカササギが架けた橋を渡り、織姫と彦星が再会するというロマンチックな役目も担う。また、カササギはカラスのように群れで暮らさず、基本は番（つがい）。幸せや家庭円満の象徴として描かれることも多かったといい、この屏風を見て、「アニメのカラスみたい！」と叫んだ小学生のお客さまもおられた。

作者の雲谷等益（うんこくとうえき）は、江戸時代初期に活躍した雲谷派の絵師。毛利家のお抱えで、雲谷派を立てた父・等顔（とうがん）の後を継いで二代となり後年、雪舟四代を名乗った。

狩野派、長谷川派、海北派とともに江戸四大画派の一つとされ、幕末まで代を重ねる。近世の絵画に詳しいお客さまが、「金地院に来たら江戸の四大派閥の絵が見られるんですね」と感動して帰られることもあった。

時空の扉を開く

八窓席の躙り口

「菊の間」の次にお客さまを案内するのは、長谷川等伯の襖絵「猿猴捉月図（えんこうそくげつず）」「老松図」（ともに重要文化財）を擁する書院と、遠州の茶室「八窓席」（重要文化財）。

茶庭に置かれた蹲（つくばい）や庭の青楓、書院の櫛型窓（くしがたまど）からのぞむ一幅の掛け軸のような景色。

特に秋、櫛型窓の正面に石灯篭があり、その奥には金地院の西に接する「對龍山荘（たいりゅうさんそう）」（非公開）の瀟洒な庭が竹垣越しに見え隠れし、そこに幾重にも植えられた紅葉に夕刻、西陽が射すとその木々が赤、黄、橙色のステンドグラスのような透明な輝きを見せる。

「まるで自然の3Dですね」

ため息とともにそんな感想をもらされたお客さまもあった。

そして、金地院の数ある屏風・襖絵の中でいちばんの〝人気者〟がここにいる。奥の書院の東南の間にある長谷川等伯筆の襖、「猿猴捉月図」（四面、重要文化財）のテナガザルだ。

十三世紀後半に中国（南宋）で活躍、その作風がとくに日本で好まれたという画僧・牧谿（もっけい）に強い影響を受けたという等伯が、日本には当時いなかったテナガザルを活写した作品。〝牧谿猿（もっけいざる）〟とも称される、丸い顔の真ん中に目鼻がクシャっと寄った、あどけない表情と、細い枝につかまって水面に映った月を取ろうとしている伸びやかな姿が、輪郭線なしで柔らかく、リアルに描かれている。

この襖のテナガザルを見た途端、多くの女性のお客さまが「かわいい！」と言われる。

しかし、この絵の意味するところは、サルが手をのばせば、細い枝はサル自身の重さで折れ、サルは水に落ちて死んでしまう。水に映った月、つまり、有りもしないもの、実体の無いものを追いかけていると自分が溺れてしまうことがある。足元をしっかり見よ、身の程を知れ、という仏の教えと聞く。

「サルは水に落ちて…」というくだりをお話しすると、「かわいい」と目を細めておられたお客さまの顔が、「溺れて死んでしまうの？　かわいそうに」と曇る。そんなときは、「いえいえ、このコは死にません。だって、四百年、落ちずにこの襖にいますから」と話し、ついでに「本物が見たい方は、お隣の京都市動物園へ」と言って和んでいただく。

私自身もこのおサルさんの大ファン。「日本でいちばんかわいい重要文化財」と、勝手に呼んでいた。

一方、猿猴図のテナガザルがつかまっている枝と〝つながっている〟と、よく勘違いされるのが、同じ部屋にある等伯筆の襖「老松図」(重要文化財)に描かれた松の枝だ。この部屋には四面しか入っていないが本来、六面で一組のもの。隣室の北側、素地の壁面を間に挟んで襖二面(八窓席の貴人口)へと伸びており、その〝不思議〟については隣室でじっくり説明させていただくことになる。

京都三名席の一つに数えられる小堀遠州作の三畳台目(さんじょうだいめ)の茶席「八窓席」も、中にこそお入りいただけないが、躙(にじ)り口から拝見していただける。

この茶席の見どころは、遠州の武家風の好みがよく取り入れられていること。外縁を付けて刀掛けを設け、庭から直接ではなく縁から躙り口に入るようにしているほか、躙り口を茶席の隅ではなく中央寄りに開け、天井は躙り口を境界にして平天井と掛込天井に二分し、おのずから貴人席と相伴席を左右に区別している。

同時に、この席の特徴としてあげられるのが、窓の多さだ。大きな連子窓三つと下地窓が一つ。躙り口の上も、相伴席の背後も柱間いっぱいに窓が開いている。ただし、八窓席と呼ばれているが、窓は六つしかない。

また、遠州ならではの発想の妙が見る人をうならせる「裏茶席」のコンパクトな床の間、朝の光が生み出す「虹窓（にじまど）」などを静かにご覧いただく。

金地院が造営された江戸時代初期、寛永という時代は、さまざまな分野に傑出した人々が登場し、時の後水尾天皇のもと「寛永文化」が花開いた時代でもあった。

絵画では狩野探幽、俵屋宗達、雲谷等顔・等益父子。茶の湯では千宗旦、小堀遠州、金森宗和。僧では、天海、崇伝、沢庵宗彭和尚。「寛永の三筆」と呼ばれた近衛信尹（のぶただ）、本阿弥光悦、松花堂昭乗（しょうかどうしょうじょう）。

芸術家、僧侶、公家、文化人と帰属する世界は異なるが、彼らは戦さの時代を生きた寂寥感を胸に秘めながら、それぞれの場所で平和への祈りを確かな形にしようとした人々ではなかったか。そして、これらのたぐいまれなる俊才をつないだのが、桂離宮の創始者である八条宮智仁（としひと）親王であり、崇伝であり、遠州ではなかったか。

桂離宮の茶室に八条宮や崇伝、遠州、松花堂昭乗らが集い、ようやく形を成し始めた「徳川の世」という平和な社会を守るために心を合わせて茶を喫する姿を想像する。八条宮と小堀遠州がともに天正七年（１５７９年）生まれ、その十歳年長に崇伝がいたというのも天の配剤のように思えてならない。

◇

「どこか別のところに行っていたみたい…」

書院と茶室の案内を終え、本堂のロッカーの前に戻ったときに、お客さまがよく口にされる言葉だ。なかには荷物を預けたロッカーの前を通りすぎ、帰ろうとされる方さえある。

「お客さま、お荷物！」と声をかけると、夢から覚めたように、「あら、忘れていた」と。

高い天井、太い柱、黒光りのする本堂の部屋の板戸、四百年にわたり何十、何百もの人の手によって磨きこまれた廊下、百合や芙蓉が胡粉で描かれた杉戸…歳月がかもし出す雰囲気が、訪れた人の意識を江戸という時代に誘い込む。

非科学的に聞こえるかもしれないが、時間、季節、お客さま同士の相性など、さまざまな条件が重なり合ったとき、金地院は四百年の時を開放し、時空への扉を開くような気がする。

もちろん、金地院とて時代の流れにさらされてきた寺だ。最も大きな痛手となったのは、明治政府が神道国教化政策に基づいて行った廃仏毀釈だ。

京都の多くの寺院がその荒波にさらされたが、徳川氏とのつながりの深かった金地院は、ことさら過酷な取り扱いを受けたようだ。寺域は半分に削られ、それまで徳川家から賜っていた寺禄千九百石は奉還。寺の維持もままならぬまま荒廃するばかりだったという。

そんな金地院が「大名寺」とも呼ばれた江戸時代の姿をうかがわせる寺の見取り図を、京都市北区にある京都府立京都学・歴彩館で見つけた。

徳川幕府の大工頭を務めた中井家文書の一つ。

見取り図は約二十枚に分割されていたが、コピーはできたので、家にコピーを持ち帰り、金地院の境内を思い浮かべながらジグソーパズルのように貼り合わせていった。

そのつぎはぎの図面を見ると、「鶴亀の庭」の東にある弁天池は江戸時代には存在せず、池の場所は白砂が敷き詰められた庭へのアプローチになっている。

また、明治初年に大徳寺から移築された「明智門」は当然無く、開山堂とはるか向き合うように伏見城の遺構という唐門が描かれている。

本堂は現在と同じ位置にあるが、その周りを囲むような回廊や台所と思われる土間、風呂、小方丈など、いまは無い建物が描かれている。なかでも「小方丈」は伏見城の遺構といわれた格式ある建物だったそうだが、ご住職によると明治維新により境内地が半減したとき、神戸の寺に移され、その後、火事で失われたという。

八窓席の位置も現在より奥まったところにあり明治以降、現在地に移したといわれる。移築は解体せずに行われ、床の間や土壁、柱、天井、棚などと、水屋にあたる裏茶席の床の間の造作は小堀遠州の指図通りに残ると伝えられているが、躙り口につながる外縁や蹲の位置は変更の跡が見られる。

この八窓席が小堀遠州の作とされるのは、崇伝禅師が残した「本光国師日記」の寛永五年（1628年）四月二十二日の項に、小堀遠州に対し「御宮之さしつ。くさりすきやさしつ。遠州このミ一たんとよく候。其通ニ申付候へと申遣ス」との記述があることから。

金地院造営に関する遠州からの返書も残されており、「新・小堀遠州の書状」小堀宗実著（思文閣出版）に掲載されている。

その一つ、寛永五年中秋二十七日の日付けの文では、最初に崇伝禅師から送られた

「柿壱籠」の礼を述べ、その後に、数寄屋の組み立てができたので、近いうちに参上して、窓以下のことを申し付ける、と記されている。

また同館には、明治維新後の金地院の困窮ぶりを示す文書もあった。

大正九年（１９２０年）六月二十四日に金地院の住職と信徒惣代の連名で当時の文部大臣・中橋徳五郎に宛てた「金地院方丈修理ニ関スル一件書類」と表書きされた方丈修繕費補助願いだ。

その中で、金地院の方丈は「豊臣家建築ニ成リシ伏見桃山御殿ノ一部ヲ徳川家ヨリ拝領セシモノニテ結構壮麗他ニ多ク比類ヲ見ス」とし、にもかかわらず「明治維新ニ寺禄ヲ奉還後ハ別ニ何等固定財産ノ有ルナク殆ント破滅ノ状態ニ陥リ」、「諸伽藍修繕費ハ歳月ヲ経ルト共ニ増額ヲ来シ疲憊ノ極」と窮状を訴えている。

このとき算出された修繕費は「金弐萬四千〇九拾四圓十銭」。そのうち「金五千〇九拾四圓十銭」を檀家などで調達したが、残額の「金壱萬九千圓」を「特別ノ御詮議ヲ以テ御補助被成下度」と記している。

とはいえ、法難ともいうべき廃仏毀釈を乗り超えて、金地院が江戸の姿をいまに伝えるのは、三代将軍の御成りを画するほどの権威を誇った金地院を守るため、明治政府に膝を屈することも辞さなかった往時のご住職や檀家の方々のご苦労の賜物といえるだろう。

♠閑話休題⑤「孤篷のひと」

私が尊敬してやまない作家・葉室麟さんの小説に『孤篷のひと』という作品がある。

茶に対する小堀遠州の心のありようを描いた物語で、晩年の遠州が、千利休や古田織部、石田三成、徳川家康、沢庵和尚、伊達政宗など、その生涯で出合った稀代の傑物たちの生きざまを茶道具の名品に重ね合わせながら思いをはせる章だてになっている。

その中に、崇伝の依頼で遠州が指図した金地院の茶室で二人が言葉を交わす場面がある。

遠州がこの席を「八の窓の〈八窓席（はっそうのせき）〉と名づけております」と言うと、崇伝は窓を目で数えてみながら首をかしげ、「窓は六つしかないようだが」と問う。

その崇伝の問いに対する遠州の答えは、

「あとの二つは亭主と客が胸襟を開いて話し合うための心の窓でございましょうか」

この文章を読んだとき、作家というのはこんな深い思いまで紡ぎだせるものなのか、心が震えた。

葉室麟さんは地方紙の記者などを経て平成十七年（2005年）、尾形光琳の弟・乾山を主人公とした「乾山晩愁」で作家デビュー、平成二十四年「蜩ノ記」で直木賞を受賞、数々の時代小説や京都を舞台にした随筆を残された作家。ここでは、崇伝が遠州に金地院の作事を依頼した事実を踏まえ、「鶴亀の庭」や八窓席を遠州がいかなる意図を持って造り上げたかにも迫っておられる。

八窓席がいつからそう呼ばれるようになったのか？

なぜ、窓が六つしかないのに「八窓席」と呼ぶのか？

特別拝観の案内をしているとよくこうした質問を受ける。残念ながら、いまのところこの疑問に答え得る文書や資料は無い、と聞く。そこでこれらの質問を受けたとき私はいつも、葉室麟さんによるこの美しい物語を紹介し、「葉室麟という作家の時代小説『孤篷のひと』にこんな場面があります…」とお話していた。

お客さまとの一期一会

千年の古都、日本の故郷などとも称される京都の魅力は、山紫水明の自然と歴史ある多くの寺社が一体化した、その唯一無二のたたずまいにある。「京都・観光文化検定試験」のテキストブックに記載されているだけでも京都府下の神社は約六十社、寺院は約百八十か寺。

立ち蹲と縁

平成六年（1994年）には「古都京都の文化財」として、賀茂別雷神社（上賀茂神社）、賀茂御祖神社（下鴨神社）、教王護国寺（東寺）、清水寺、延暦寺、醍醐寺、仁和寺、平等院、宇治上神社、高山寺、西芳寺（苔寺）、天龍寺、鹿苑寺（金閣寺）、慈照寺（銀閣寺）、龍安寺、本願寺（西本願寺）、二条城の十七スポットが世界遺産にも登録されている。

そのほかにも、隠れ寺と呼ばれるスポットや、干支にちなんだ由緒をもち十二年ごとにニュースになる寺社、伝統産業の守り神など故事来歴は枚挙にいとまがない。

京都に住む者にとっては、観光寺院であってもなくても、角を曲がればそこに寺があるのは生活の一部という感覚だが、京都に来られる観光客にとっての京都の寺社とはどんな存在なのだろうか。

金地院の案内で私が出合ったお客さままで人数的にいちばん多かったのはカルチャーツアーの団体や芸術系の大学・専門学校の学生さんになるが、印象に残るお客さまを思い返してみると、外国の方が多い。

私が金地院で働いていた三年間のうち、二年はコロナ禍の真っただ中。緊急事態宣言で閉門した時期、行動制限で団体客は皆無という時期もあったにもかかわらずだ。

もちろん、最初の一年はいわゆるインバウンドの最盛期で、中国、韓国、欧米など世界各地からお客さまが来ておられ、伏見稲荷や清水寺界隈と同様、金地院の本堂にも外国の方しか見ない日もあった。しかし、外国人のお客さま方が印象に残るいちばんの理由は海外からのお客さまが示される日本文化へのまっすぐな好奇心がこちらにも強力に伝わってくるからだと思う。

案内は〝ジャパニーズ・オンリー（日本語のみ）〟。日本の歴史に詳しくない海外の方に、江戸時代初期の歴史を踏まえた建物や庭園、襖絵や茶室などの文化財を説明する語学力など私にはない。

簡単な英文テキストを作っていたが、日本語を話せないお客さまの特別拝観は受け付けでお断りいただくことになっていた。しかし、ときに、「こんにちは」「ありがとう」程度の片言の日本語を話す外国人の方が受け付けをすり抜けてこられることがある。

イタリアから来たという男性のお客さまも、そんな一人。他のお客さまはなく、英文テキストを片手にマンツーマンで案内したが、茶席の戸袋に描かれている絵を「何の花ですか?」と聞いてこられた。

椿の花なのだが、英文のテキストには載っておらず、とっさに「カメリア」という英語も出てこない。思わず、「ツバキ」と日本語で言ったら、その方はズボンのポケットから取り出した携帯電話に向かって、「ツ・バ・キ!」

「Oh, Camellia !」

携帯電話は、ロッカーに入れていただくのが本来のルールなのだが、このときはその説明もうまく伝っていなかったのがある意味、幸いした。「Yes, Yes !」と遠来のお客さまと、笑顔でうなずきあった一幕だった。

また、本堂の縁のわきに立って「Go — suin! Gosuin !」と金髪の若い男性が叫んでおられ、「御崇院? 崇伝和尚のことで何か聞きたいのか?」と思い、「Can I help you ?」とたずねると、カバンから御朱印帳を取り出して満面の笑みで「Go — suin !」残念ながら金地院では御朱印をお授けしていないので、その旨をお伝えすると、「Oh, my God !」。日本人のシニアのお客さまから「御朱印はどこでもらえますか？」とたずねられたことはあるが、外国人の若者が御朱印を知っているのかと、驚いた出来事ではあった。

ほかにもノルウエーから来られた日本庭園大好きのご夫妻。長谷川等伯「命」のドイツ人のお客さま。八窓席の躙り口（にじりぐち）を見て「狭い。私たちは入れない」と笑いころげられたアルゼンチンの四人家族。

ロンドンと日本を行き来しているというイギリス人の女性。この方は、来られた日が団体予約で特別拝観の時間が埋まっていたため、「今日は予約で満員です」とお伝えすると、「じゃあ、明日また来る」と言って、その言葉通り翌日の朝イチで来られた寺院フリーク。

どなたとも、「一期一会」が生んだ縁だった。

そしていちばん印象に残っているのは、コロナ禍のさなか、ほとんどお客さまが来られない時期に案内したイギリス人の大学教授とカナダ人の建築家という男性二人。日本語も堪能で、本堂の仏間の襖を見たとたん、「探幽ですか！」と感嘆の声をあげられた。

杉戸や各部屋の襖の絵の前で時代背景を日本語で語り合いながら熱心に鑑賞される姿に、「私にも、教えてください」と、案内係を返上、自分が疑問に思っていたこと、推測したことなどをぶつけて、有意義な時間を過ごさせていただいた。

特別拝観のお客さまではなかったが、午前九時の開門と同時に来られ、本堂の縁に座ってじっと「鶴亀の庭」と月二回は対峙されていた、近くにお住まいだというアメリカ人のお客さま。本堂で座禅を組んで三時間近く微動だにされなかった方…日本人以上に「日本」という国への強い思いを持っている人たちがおられることを知った日々でもあった。

また、東京芸大の学生さんを引率して来られた同大の先生が何気なくおっしゃった

「ぼくも学生時代に金地院に来ましたよ。金地院と東京芸大のお付き合いは百年ぐらいじゃないですか」という言葉や、二十代のご夫婦が連れておられた三歳ぐらいの男の子が、本堂の柱や天井、書院の一点を熱心に見つめていた姿なども心に残る。

見事な解釈をご披露くださったお客さまもおられた。

奥の書院の、「猿猴の間」の前の茶庭には高さ一・二メートルほどの美しい立ち蹲(つくばい)があるのだが、その置かれている位置が広縁と微妙に離れており、茶人のお客さまからよく「この蹲はどんな風に使っていたのか?」という質問を受ける。

確かなことはお寺でもわからない、と聞いており、「残念ながら、よくわからないのです」とお答えしていた。

それがあるとき、「なるほど」と納得する解釈をされたお客さまがおられた。お茶関係のグループのツアーで、先生と呼ばれていた方だったが、その立ち蹲の前で、「この立ち蹲は姿からしてもとても格の高いものです。高貴な方が使われたと考えられます。高貴な人は必ずお供を連れていきます。お供が庭に下り、柄杓を取り、蹲から水を汲んでその方の手を濡らした。偉い方というのは、ご自分では何もされないで、手を出すだけ。縁側とこれぐらい離れていないと衣が濡れるでしょう」と。

グループの方々と一緒に、私も大きくうなずいていた。

また思わず心が弾んだ、ウイットに富んだ解釈をしてくださったお客さまもあった。曰く、「蹲と縁側が離れているのはね、等伯の描いたテナガザルさんの手を借りて、柄杓を取ってもらうためよ」

前述の茶道の先生の解釈とともに、この〝おサルさんの手を借りる〟説は、以後、「あるお客さまの解釈なのですが…」という前置き付きで私の説明に入れさせていただいた。

忘れられないと言えば、初めて特別拝観の案内をしたご夫妻も、その服装の色まで覚えている。横浜から京都旅行に来られたということだったが、案内する部屋が変わる度に、バインダーにはさんだメモを見ながらたどたどしく説明する私を、温かい目で見てくださり「丁寧な説明をありがとう。これからも頑張ってください」と言って帰られた。

一方、これは試用期間が済んですぐのころだが、気難しそうな高齢の男性のお客さまお一人をご案内したとき、このころはもうメモを見なくても話せたが、案内し終わって本堂に戻ったとき、にっこり笑って、「価値ある七百円でした」と言ってくださった。このときは、心の中で「やったぁ！」と叫んでいた。

思えば、お客さまを案内するのが楽しくなったのは、そのころからだったような気がする。

Sさんの案内を録音させてもらい、文字に起こして虎の巻作りをしたのが第一歩なら、そこに出てくる、音だけではわからない言葉、例えば、岩絵具の「辰砂（しんしゃ）」はどんな字を書くのかと調べたり、色を確認したりということを繰り返していたのが第二段階。お客さまを案内するうちに、自分用の虎の巻を見ないで案内できるようになるまで、三か月。試用期間の意味もわかった。

案内係というのは、つくづくお客さまに育てていただくものだと思う。

特別拝観に要する時間は、「鶴亀の庭」から本堂のご本尊、「菊の間」、書院の「猿猴の間」、茶席「八窓席」の見どころと、明治維新での廃仏毀釈の影響による建物の構造の変化などを説明しながら約三十分。

コロナ以前は団体のお客さまが多く、一回の案内に二十人以上、あるいはインバウンドの最盛期で外国人のお客さまと日本人のお客さまをご一緒に、などということもあり、三十分の予定が十分以上オーバーするといったこともよくあった。

小さいお子さん連れのお客さまが混じると当然、途中で退屈し「ママ〜、次行こうよ！」とぐずられ、説明が中断されることもあり、時間も延びる。

たいていの場合はお母さんが少し離れた場所に行ってあやされると、他のお客さまも「子どもが小さいときは、ママって大変なのよね」という空気になるのだが、なかには顔をしかめる方もある。金地院という寺の雰囲気に静かに浸ろうと来られたお客さまにとっては、やはりご迷惑だろう。

京都の観光寺院では、「未就学児は拝観できません」と断っておられるところもあると聞くが、金地院ではそこまで踏み込んではいない。すべてのお客さまに満足いただける拝観、という意味で小さいお子さんへの対応は、観光寺院の今後の課題といえるだろう。

また、一方でいわゆる「困った」お客さまもおられる。

海外からの方は文化の違いに負うところも多く、賽銭箱をベンチと勘違いして座ったり、座敷に置いた低い竹の結界をまたぎ越えたりする方は、観光寺院〝あるある〟。しかし、こうした方は、穏やかに注意すれば「sorry」と答えてくださる。

本当に困るのは、「旅の恥はかき捨て」とばかりに、拝観の常識を無視される日本人のお客さまだ。

本堂の縁に座って大声でランチの割り勘の清算をする女性グループや重要文化財の本堂の床に無作法に寝転がる人。「飲食禁止」「撮影禁止」の表示を出しているにもかかわらず、本堂内でペットボトルを口にしたり、扁額にカメラを向けてパシャパシャとシャッター音を響かせたりしている人。

雨の日、濡れた足で本堂にあがり、ペタペタと足跡をつけていく人。特別拝観の案内の際にも「重要文化財の建物です、柱や扉には触らないでください」と事前にお願いしているのに、勝手に扉を開け閉めしようとする人。携帯電話を隠し持ち、等伯の襖や八窓席の内部を写真に撮ろうとする人。

いちばん驚いたのは、女子トイレのサニタリーボックスにコーヒーの缶やペットボトルをねじ込んで帰った人がいたこと。自分が口にしたものを、そうしたところに捨てるという気がしれない。また、幸いにも私は遭遇しなかったが酔っぱらって特別拝観に参加する人…。

「お寺を拝観する」という意味を今一度、考えていただけたらと願う。

♠閑話休題⑥　金地院の不思議

金地院の特別拝観に申し込まれるお客さまの中には、さまざまな専門家がおられる。大学などで歴史や芸術を研究されている学者の方、建築、造園関係の方、また木工、金工の職人として鋭い指摘をして行かれる方もある。

ある秋の日、最終の三時半の特別拝観に来られた男女三人のお客さまもそんな専門家だった。ロッカーに荷物を入れていただいて、菊の間に入ろうとしたとたん、「この釘隠しの模様、なんでつぶしてあるの？」と、いきなり質問が来た。

ほとんどのお客さまは気づかれないのだが、確かに釘隠しの一部に模様を削り取った跡がある。ご住職によると、削り取られているのは「菊の御紋」の箇所という。

おそらく明治維新の際、金地院に入り込んだ官軍の何者かが、「徳川ゆかりの寺に、菊の御紋は不届き也」といったわけのわからない理由でつぶしたのか、あるいは当時のお寺の関係者が世間をおもんばかって自らつぶしたのではないかとの説があると言っておられたが、これも記録のあることではないようで、問われたら「わかりませんが、こんなことは聞いています」とお伝えすることにしていた。

ともあれ、「珍しい質問やわ」と思ったのが顔に出たのか、三人の中の女性のお客さまが「私らは飾り金具の職人をしています」とのこと。その後も、襖の引手など各部屋で丹念にご覧になっていた。

また、特別拝観が終わり、荷物を取り出すときに、ロッカー横の杉戸に描かれたユリの花に気づいて、「なんでユリの花が？」と聞いてこられる方もある。

日本古来のササユリのような清楚なユリではなく、大輪のユリ（テッポウユリか？）の白い花びらを胡粉で、葉を緑青で描いたあでやかな姿。ユリの花はキリスト教と関わり深い花として知られることから、「伴天連追放文を書いた崇伝の寺に、なぜ、ユリが？」と。

これもお答えできない質問の一つなのだが、お客さまの目は、何ごとも見逃さないのだなと、思い知らされた出来事だった。

予期せぬコロナ禍

昭和感たっぷりのブリキの雑巾バケツ

試用期間の三か月をなんとか過ごし、猛暑の夏を切り抜け、南禅寺界隈が紅葉に染まる秋の観光シーズンをこなすと、季節は冬。

師走の恒例行事、大掃除が待っていた。

十二月の中旬に一日かけて行うこの大掃除、普段は班ごとに勤務日が異なる七人のスタッフが全員集合し、それぞれの持ち場の掃除を済ませると、案内係とお庭係は四人で本堂の煤（すす）払いを行う。

案内係が仏間、上段の間、諸侯謁見の間、鶴の間、菊の間に古新聞を敷き、お庭係が脚立にのぼって、長い柄の羽ぼうきで欄間などのほこりを落とし、固くしぼった雑巾で柱を拭いていく。一年に一度のこと、「羽ぼうき、どこにしまってあったっけ」という一幕は〝大掃除あるある〟らしい。

雑巾をしぼるのは、案内係の役目。

すぐに真っ黒になるバケツのお湯を替えに、階段を上り下りして台所まで何往復もしながら、雑巾を洗い、しぼり、手渡す。欄間のすす払いがすべて終わったら、一枚の新聞紙にほこりやゴミをまとめてゴミ箱に。使った新聞紙はまた束ねて、古紙回収に出す。これぞＳＤＧｓの実践だ。そして、廊下の蛍光灯のカバーも洗って、明るく新年を迎える。

受け付けの二人は、総門の屋根の軒掃除や受け付けＢＯＸの内外の掃除などを担当。

はたき、雑巾、バケツが大活躍の、まさに昭和の大掃除風景だ。

しかも、金地院の律儀さは、大掃除の日でもお客さまの申し込みがあれば、特別拝観を行うこと。受け付けからトランシーバーで連絡が入ると、雑巾をしぼる手を止めて、本来の当日の案内係が、お客さまを案内する。

残念ながら、菊の間が大掃除中のときは部屋の外から襖絵をご説明。ただ、このころになると「年に一度の大掃除、こんなレアな日にお越しいただくのもご縁ですね」とアドリブが言えるほどの度胸はついた。

「鶴亀の庭」に差し渡してある青竹の結界もTさんとUさんの手によって新しいものに付け替えられ、着々と新年を迎える準備が進んでいく。

大掃除の三時のおやつは、近くのめん処から「月見うどん」の出前。

寒い時期だけにだしのきいたおうどんの温かさはなによりのご馳走なのだが、いかんせん二時半にも三時半にも特別案内のお客さまがおられることがある。二時半のお客さまが熱心な方で質問にお答えしているうちに三時をまわると、控え室まで戻って、月見うどんをすって、三時半のお客さまのご案内、というのはかなり厳しい。ということで、三時半のお客さまを四時に本堂でお見送りし、控室に戻って、だし汁を吸って伸びきったおうどんを温めなおして食べる。これもまた、金地院の師走風景ではあった。

そして、この日は午後四時過ぎで仕事は終了。普段、私たちが入ることのない庫裏の書院に仕出しのご馳走が並べられる。ご住職を正面に各人が席に着くが、Yさんの姿が見えない。きょろきょろしていると、Yさんが大きな角盆に吸い物椀をのせて運んでこられた。恐縮してお手伝いしようとすると「これは私の仕事」とサラリ。

小宴の準備が整い、Yさんが着席されるとご住職から一年をねぎらう言葉があり、しばしの談笑の後、お土産用に二段重をいただいて解散となった。

もちろん、精進ものしか食されないご住職はお茶を飲みながらわれわれが仕出しを食べるのをニコニコと見ておられるのだが、「今年は受け付けと案内に新しい方が来られました。そして当寺にもインバウンドのお客さまが増えてきたので外国語翻訳機を導入しました。来年は外国人のお客さまとスラスラ話せるようよろしくお願いします」という新年へ向けての言葉もあった。

先輩方に聞くと、毎年の恒例だという。

このとき、「なんか中国で新種の感染症が出たみたいですね」と対岸の火事のように話していたことが、年明けとともに世界規模のコロナ禍につながっていくなど、誰一人知る由もなかった。

明けて令和二年（２０２０年）一月。コロナの波は、政府の水際対策の甲斐もなく、日本に上陸。あっという間に感染は拡大し四月七日、緊急事態宣言が東京、神奈川、埼玉、千葉、大阪、兵庫、福岡の七都府県に出される。

金地院でも「閉門のXディは、いつ？」とスタッフ全員がやきもきしていたが、ついに四月十一日にご住職が閉門を決定され、期待の外国語翻訳機の出番も無くなり、閉門は五月三十一日まで続いた。

勤務時間も四月十三日からは午前九時～午後三時と時短になり、私たち案内係は、普段手が回らないお掃除に専念することになった。

その一つが、書院まわりのお庭のコケはがし。ご住職から「ハイゴケは上品さに欠けるので、スギゴケだけ残してすべてはがすように」との指示がSさんに伝えられた。ハイゴケも緑の絨毯のようで私的には嫌いではないが、お言いつけは守らなければならない。はがした後の土がむき出しになったところにSさんがスギゴケの種をまかれたが、見慣れるまではその寒々とした光景に心が痛んだ。

一方、「えっ、こんなことにも？」と、戸惑ったのがコイのエサの遅配だ。

当時、弁天池に六匹、開山堂前の池に一匹のニシキゴイがいて、そのエサやりも案内係の仕事だった。朝夕二回、ペレット状のエサの入った缶をカラカラ鳴らしながら「コイ、来〜い！」などと駄洒落を言ってエサを撒いていると、あちらも心得たもので、足音がわかるのか池そばに行くと寄ってくるようになった。袋の残りが四分の一ぐらいになると、ご住職にお願いしてコイのエサを買っていただいていたのだが、このコイのエサが輸入品だった。

コロナ禍で輸入が滞り、待てど暮らせど届かない。袋の底をかするようになり、これは、日本古来のコイのエサである麩でも買いに行かねばならないか、と思ったときにようやく到着。ペットフードも輸入に頼る日本のもろさを見た気がした。

コロナ禍はまた、お寺の行事にも影響を及ぼした。

二月の開山忌、春秋のお彼岸、盂蘭盆会、十月の開祖忌と毎年、本山の和尚方や檀家さんをお迎えして催されていたさまざまな法要は令和元年（２０１９年）秋のお彼岸と令和二年（２０２０年）二月の開山忌を境に、例年通りの開催は無くなった。

開山忌は、崇伝禅師の祥月命日である二月二十日に行われる、金地院の最も重要な法要。

三日前から準備が始まり、南禅寺本山から墨染の衣を着た僧堂さんたちが庫裏や本堂に足しげく出入りされ、納戸を開けて法要に必要な道具を出していかれる。

前日には本堂や庫裏の廊下を力強く雑巾がけ。緋毛氈を敷いて、当日に和尚方が庫裏から本堂まで歩かれる通路を作られる。雑巾バケツの水が瞬く間に真っ黒になるのを見ると、ほこりにも四百年の蓄積があるのだと実感する。普段は仏間の前に置かれている賽銭箱も本堂の隅に片づけられる。

さらに、本堂に五色幕が張り巡らされ、仏間には狩野探幽筆の崇伝禅師の画像と軸装された遺偈（ゆいげ＝禅僧の辞世）などが祀られ、柱には金襴の柱巻（はしらまき）をくりつけ、正面に華鬘（けまん）を掲げて内陣を美しく整える。

地下鉄「蹴上（けあげ）」駅から南禅寺に続く「金地院通り」に面した総門と境内の明智門には、白地に墨で葵の紋が染め抜かれた幕が掛けられ、金地院と徳川との深いつながりを知らしめる。

そして当日朝、ご住職が万端遺漏がないかを確認しながら堂内をまわられ、緋毛氈の上に糸くずでも落ちていようものなら「すぐ、コロコロ（粘着クリーナー）をかけてください」と〝指導〟が飛ぶ。私が指摘されたのは、緋毛氈の上に落ちた一滴の水滴のあと。「すぐにティッシュで拭ってください」。

そんなピリッと引きしまった緊張感の中、本山や塔頭から、色鮮やかな袈裟を身につけた和尚方が順次到着され、本堂の鐘が衝かれ、僧堂さんも加わって読経が始まる。ちなみにこの鐘が衝かれるのは一年でこの日だけとか。ただ、残念なことに江戸時代に鋳造された鐘は、第二次世界大戦で供出され、いまあるものは昭和の鐘と聞いた。

この間、本堂への私たちの出入りは禁止。和尚さま方にお茶の用意をするSさんと私も庫裏から出られない。Yさんから「女人禁制なんや」と重々しく言われた。

盆・正月も関係なく寺を開門している金地院だが、このときだけは総門前に「拝観できません」の駒札が出る。禅宗寺院の伝統の重さをひしひしと感じた。

一方、同じお寺の行事でもにぎやかに行われるのがお彼岸法要だ。

通常通りお寺は一般の方にも開いているが、本堂の仏間には板塔婆が立てかけられ、檀家さんたちが仏間の隣、「鶴の間」に置かれた椅子に腰掛けて読経を受けられる。

遠方からこられる檀家さんもおられる。到着されると法要の前にお接待のお抹茶とお菓子を出し、精進料理の昼食も庫裏の書院に用意する。お彼岸に合わせた講話もあり、旧知の檀家さん同士が「お元気でしたか?」などと談笑される姿が本堂にあふれる。

この風景を見た一般のお客さまの中には、重要文化財の本堂の中で法要が行われているることに驚かれ、「金地院の檀家さんがうらやましいです。あんなすごい空間に当たり前のように座っていいんですね」とため息をもらされる方もあった。檀家さんが座っておられる「鶴の間」も襖絵は探幽の弟である狩野尚信が四百年前に描いた本物だ。

核家族化が進み、仏壇のある家も減って、家と寺との関係は急速に希薄になっているると言われるが、金地院のお彼岸法要には、檀家さんと寺との深いつながりがいまもしっかり息づいていた。

神社仏閣にさまざまな約束事やしきたりがあることは文献やインターネットでも学べるが、その中に一員として身を置くことはだれにでもできることではない。本堂から流れてくる読経に耳をすませながら、金地院に出合えたことに感謝した。

加えて、私にとってありがたかったのは、コロナによる閉門によって時間的余裕ができ、金地院の写真が撮れたことだった。

時は春。

明智門から東照宮に向かう弁天池沿いの苔の道。両サイドに咲く、シャクナゲ。水路を流れる小川の音も心地よい。石畳を上り詰めたところに鎮座する東照宮と、石段を下ったところにある開山堂の前にはヤマザクラがあり、小さめのピンクの花が静かに色を添える。

どこまでも広い「鶴亀の庭」、東山の緑に溶け込むようにしっとりした佇まいを見せるこけら葺きの本堂。陽の光に新緑が透ける書院の青楓。立ち蹲の洗練されたシルエットが映える。

さらに、心が震えたのは、太陽の魔法とも言える、本堂でのブラインド現象。

お客さまがいらっしゃるときは必ず開け放っている本堂の障子を朝、本堂に陽が射すころにすべて閉める。すると陽の光が障子に乱反射して、本堂に設えられた金地彩色の探幽の襖絵の影が消え、やわらかい印象に変化する。

上段の間を光の粒子が舞い、探幽の松が浮き上がる。浄土とはこんな場所なのか、と思うほど光あふれる、お客さまの来ない本堂に一人たたずむこともしばしばだった。フリーライターとして自分の記事用の写真も撮ってきた私にとって、ご住職の許可があったればこそだが、これだけのロケーションを自由に撮らせていただけたのは千載一遇のチャンス。そんな日々がひと月半続いた。

緊急事態宣言が明け、金地院が拝観を再開したのは、ようやく六月になってから。前日までに消毒液や次亜塩素酸水を受け付け、本堂、書院に設置。靴ベラ、スリッパなど直接手足が触れるものは撤去。自主規制として、特別拝観のお客さまの人数制限（毎回五人以内）も決まった。

当時の連絡帳を見ると、「本日のお客さま大人九人内特別拝観五人」（六月二日）、「雨、お客さまは特別拝観のお一人だけ」（六月十一日）など、人の流れは止まったまま。南禅寺界隈はもとより、京都全体、日本全体の観光地の火は消えていた。

さらに第二回緊急事態宣言が出されて以降、翌二〇二一年一月十四日〜二月二十八日まで、二度目の閉門。

少し感染者が減ったと思うと第二波、第三波…。以後もまん延防止等重点措置と緊急事態宣言が繰り返され、終わりの見えないコロナ禍の日々が続いていった。

マスクの着用と消毒液での手洗いは生活の必須条件となり、密をさけるために、特別拝観一回五人までという自主規制も二年以上継続。団体の方は五人一組になっていただき、ガイドなしの東照宮・「鶴亀の庭」鑑賞から始めるグループと、本堂内から書院・八窓席へとご案内するグループに分け、本堂で見学コースをチェンジしてもらっていた。

しかし緊急事態宣言が出されて以降、団体予約はキャンセルの山。海外はもとより、大学・専門学校、茶道関係、カルチャースクールのお客さまも途絶え、時おり来られるのは「ワクチンがやっと打てたので」というシニア世代のお客さまや「テレワークで息が詰まったので、お寺なら三密にならないかと思ってきました」という方などほとんどがお一人。なかには、「家内と来たかったんだが、家内はまだワクチンの順番がこなくて」とワクチン接種の混乱ぶりを実感する話も聞いた。

三年間の金地院勤めの内、二年間はコロナ禍。観光が主産業の京都の地にあって、飲食やサービス業での雇い止めなどアルバイト・パートの生活保障も大きな問題となった。金地院も当然、団体客の大量キャンセルで収入は激減。出勤時間は午前七時四十分から八時半になった。観光寺院としての経営の悪化は、一介のパートスタッフでも想像はつく。そうした中、時短はあったが全員の雇用を守っていただいたご住職に感謝している。

♠閑話休題⑦ マツの花粉とカメムシ

コロナ禍によってお客さまは激減したが春、ゴールデンウィークのころになると、必ず大量にやってくる厄介な〝お客さま〟があった。松の花粉だ。本堂と向き合う「鶴亀の庭」には赤松や黒松が多い。松には花粉が飛び散るのを容易にする花粉嚢（のう）という袋状の付属物があるといい、風に運ばれて最盛期には本堂の床が黄色く見えるほどに積もる。

毎朝のルーティーンワークでこの床にモップをかけるのだが、床の三分の一ほどを拭いてモップをバケツに入れると、水が一瞬にして黄色く濁り、松脂（まつやに）なのだろう、油が浮く。本堂の床だけではない。風に運ばれた松の花粉は床を通り越して仏間、諸侯対面の間、鶴の間の畳にも積もる。

これらの客間に拝観のお客さまが入られることはないが、檀家のご法事の前には雑巾がけに追われる。花粉症の私にとって、スギ花粉＋マツ花粉の波状攻撃は災難以外のなにものでもなかったが、コロナのおかげで一日中マスクを着用できたのは助かったことの一つ。四月〜六月まで、毎朝の花粉との戦いが続いた。

春の花粉とともに、難渋したのが秋の「カメムシ」だ。

やつらが大量発生するのは、シルバーウィークの真っ最中。

本堂の障子の桟や縁、書院の畳の上などにふと見ると、小さな盾のような硬質感のある形のあの虫が！　刺激すると、悪臭を放つため、見つけ次第ゆるゆると紙の端で追い出していたが、目が行き届かないときもある。

秋晴れのある日、本堂に座って日向ぼっこをしていた親子連れのお客さまが「リュックにカメムシが入った」と大騒ぎ。お助けするにも手立てもなく、お客さまがリュックの中の物を出し、さかさまに振っておられるのを、はらはらしながら横で見ているしかなかったが、金地院の印象が悪くならなかったことを願っている。

猛暑と厳冬、癒しの春秋

東照宮の前に咲くシャクナゲ

コロナ禍は収束せず、昨年二月にはいまだに信じられないロシアのウクライナ侵攻が起こり、一年が過ぎたいまもウクライナでの戦争状態は続いている。

そして夏は毎日、三十六度を超える猛暑が重くのしかかり、九月に入ると記録にない超大型台風の来襲、さらに記録にない長い残暑、毎年起きる〝五十年に一度の集中豪雨〟、十年に一度の大雪と、いつのまにか異常気象が日常化している。

金地院で初めて迎えた三年前の夏、重要文化財なのだから本堂にエアコンがないのは当然と思っていたが、梅雨があけ、七月の声を聞き、祇園祭の季節になったとたんにやってきた蒸し風呂のような暑さに心底閉口した。

本堂にモップがけをする朝の八時台でも、噴き出した汗で髪がべっとりぬれる。制服でもある作務衣の下に着ているTシャツは午前中でぐっしょりとぬれ、首にまいたてぬぐいも一日二回取り換えるが、そのたびに汗がしぼれるほど。持参する着替えでかばんはパンパンにふくれ、金地院が休みの日は洗濯物の山と格闘した。

受け付けのHさんやお庭のTさんとも顔を合わせる度に「熱中症に気をつけないと…」が、合言葉のようになり、スタッフ用のお茶も、前日のお昼休みに沸かし、そのヤカンを台所のシンクで冷やして粗熱を取り、帰る前に冷蔵庫に入れて一晩冷やすというひと手間が加わった。

庭、本堂、書院…どこにいても暑い。特別拝観に来てくださるお客さま方も、右手にハンカチ、左手に扇子という姿で、「お寺は天井が高いから風が通って涼しいと思っていたのに」とどんよりと話され、三十分の案内が終わるや、涼を求めて、足早にカフェ探しに出て行かれた。

若いお客さまに多かったのは手持ちの扇風機をずっと顔にかざしている方、なかには「去年、夏の京都に来て懲りたので」と、屋外作業員の人が着る、服の中にファン(扇風機)が付いたウエアーを着ている方もあった。ただ、特別拝観に参加いただく場合は万一のこともあり、申し訳ないのだが手持ち扇風機はロッカーの中に入れていただいていた。

その意味では、お寺の暑さは皆さまに〝公平〟だったとは思う。そんな中、コロナがまだ日本に上陸していなかった一年目の夏、祇園祭を見た帰りに南禅寺まで足をのばしたという、真っ赤に日焼けしたご夫妻がおられたのは強烈な思い出だ。

そしてさらに二年目、三年目の夏は猛暑の中、コロナ禍によるマスクの着用という新たな責め苦が加わった。

お客さまもたいへんだったと思うが、マスクを外さず説明をしなければならない案内係のSさんと私は気息奄々の日々をおくった。二人で交わしていた連絡帳にも「とにかく、暑いです」「Tさんがお茶のポットを満杯にしてほしいとのこと。熱中症対策です」「この暑さ、一体いつまで続くのやら！」「コロナより、酷暑でお客さま、少ない？」など暑さへの恨み節を書き連ねている。

そんなお寺の中で唯一、涼が感じられるのは、本堂と庫裏をつなぐ階段の上。両サイドに窓があり障子を開けると網戸から気持ちのいい風が入ってくる。

朝の掃除を終え、あまりの暑さに階段で無防備にぼーっとしていたら、庫裏から出て来られたYさんに「涼んでるんか」と声をかけられた。反射的に「見つかっちゃいました？」と言ったら、Yさんが、「ここ、涼しいやろ。私もときどき涼みに来るねん」とニヤリ。以来、共犯者の笑みを交わすようになった。

エアコンの無い過酷さは夏だけではない。

底冷えと言われる京都の冬、受け付けから最初の入り口となる「明智門」をくぐった目の前にある弁天池が凍る。書院の蹲も凍る。トイレの水道も凍り、排水溝も凍る。

主戦場の本堂は、冬でも障子は開けっ放しの吹きさらし、保温タイプの毛布のような靴下を三枚重ねではき、冬用のスリッパで堂内を歩く。作務衣の下には、発熱繊維素材のシャツとセーター、薄手のダウンジャケットを着込み、腰には使い捨てカイロ。さらに冷える雪の日などは、ズボンのポケットに小さな使い捨てカイロを忍ばせ、手を温めるという完全武装で臨んでいた。

それでも、寒い。Tさんに、「暖かくなりたけりゃ、身体を動かすのが一番やで！」と言われ、時間があればせっせと茶庭の枯れ葉掃きに精を出した。

これも金地院に来るまで知らなかったことだが、冬の枯れ葉というのはエンドレスに落ちてくるものなのだ。木枯らしが吹くたびに、かさかさと枯れ葉が舞い、掃いても掃いても片付かない。

ただ、冬枯れで特別拝観のお客さまが少ないときは、落ち葉掃きはTさんが言うように暖をとるにはいちばん良い仕事ではある。集めた枯れ葉をナイロンのゴミ袋に詰め、うっすら滲んだ汗を拭く。

こんな日もあった。

冷え込みが厳しい朝、本堂の床にモップをかけようとして、バケツに入れてあるモップの柄を握ったら、凍ったモップとバケツが一緒に持ち上がったのだ。これには、驚きを通り越して笑ってしまった。

「そんなときは、ヤカンにお湯を沸かし、モップの上から注いで氷を溶かしてから掃除をするのよ」とあとからSさんに教わった。

金地院は、年末年始でも閉門はしない。十二月三十一日も、三が日も開いている。といっても、神社ではないので初詣のお客さまというのは少ない。お見えになるのはたいてい、檀家のお墓参りの方。観光のお客さまが来られるのは、成人の日の連休ぐらいからになる。

観光客も冬枯れのこの季節、お客さまを案内して菊の間や猿猴の間などに入ると、どれだけ着込んでいても氷のように冷たい畳に震える。

女性のお客さまの中には、建物の空調は当たり前と思っておられ、足元はストッキングという方もおられる。案内を始める前に「畳は、氷のように冷たくなっていますから、お気をつけくださいね」と言ってはおくが、部屋に入ったとたん「うわっ！」と絶句される。

冬場に京都の寺社の内部拝観を予定されている場合は、必ず厚手の靴下をバッグにいれておかれることをお勧めする。

しかし、そんな猛暑や厳冬を補って余りあるのが、春秋の南禅寺界隈の風景だ。

最寄り駅である市営地下鉄「蹴上駅」から地上に出て緩やかな下り坂を進むと右手にある、蹴上インクラインの下にレンガ造りの歩行者用トンネル「ねじりまんぽ」が現れる。

「まんぽ」とはトンネルを現す古い言葉といい、「ねじりまんぽ」とは「ねじりのあるトンネル」という意味。明治二十一年（1888年）の建設で、高さ約三メートル、幅約二・六メートル、奥行き約十八メートル。

このトンネルの上にインクラインが敷設されており、台車に載った船が行きかう重さに耐えられるよう、内壁のレンガはらせん状に積まれ、トンネル自体もインクラインと直角ではなく斜めに掘られているそうだ。

トンネルの東西には、第三代京都府知事の北垣国道が揮毫（きごう）した扁額があり、西口に「雄観奇想（ゆうかんきそう）＝見事なながめと、すぐれた考えである」東口に「陽気発処（ようきはっするところ）＝精神を集中して物事を行えば、どんな困難にもうちかつことができる」という言葉が掲げられている。

そしてこのトンネルを抜けると、下り坂に沿って南禅寺の塔頭とともに端正な佇まいの別荘群が現れる。

もともとこの一帯は南禅寺の敷地であったそうだが、明治新政府が召し上げて別荘地として開発したといい、明治から昭和初期にかけての実業家として知られる稲畑勝太郎の旧邸「何有荘（かいうそう）」や、鉱山経営で名をはせた横山隆興の旧邸「智水庵」、近代日本庭園の先駆者・庭師七代小川治兵衛の作庭で有名な「對龍山荘」など、非公開ではあるが、大きな石が積まれた石垣や馬酔木（アセビ）の垣根などの隙間から見える庭の風情に当時の人々の美意識を感じる。

前方を見れば、なだらかな東山の稜線が青い空に浮かびあがっている。

三年前の四月、金地院での採用面接のために初めてこの道を通ったとき、新緑輝くこのロケーションに一瞬にして魅せられたのだ。この景色が私を金地院に導いてくれたともいえる。

最近は、〝映え〟スポットとして若者に人気のインクラインを中心に、四月上旬から中旬にかけてのサクラの季節の夢のような美しさも必見だが、別荘の垣根から降るように咲くシダレザクラ、ソメイヨシノより少し早く花を咲かせるヤマザクラ、金地院の白塀から張り出したソメイヨシノの清楚な姿も見もの。

そして桜から新緑に季節が移るひとときの薄紅色と萌黄色の競演も見事の一言。この景色は、日々この道を通る者だけが享受できる自然からの贈り物といえるだろう。

金地院の境内でも春はサクラ、アヤメ、カキツバタ、ショウブ、サツキ、ツツジ、シャクナゲが次々に花を咲かせる。八窓席の蹲にかかるイロハモミジに春の日差しが溶け、キラキラと緑が透き通るさまは、何度見てもため息が出る。

梅雨の季節、弁天池のほとりに咲く半夏生（ハンゲショウ）、東照宮への道を彩るアジサイ…境内のそこかしこに花々が輝く。そして、弁天池の半夏生の下でのんびりと甲羅干しをするイシガメ。エサを撒くと勢いよくやってくるニシキゴイ。黄昏どきにふらりと飛んでくるアオサギ。金地院にいた三年間で二度会えたタヌキ。キジバト、ヒヨドリ、モズ、セキレイ、ウグイス、ホオジロなど東山の自然の豊かさを感じさせてくれた小鳥たち。みんな、心を満たしてくれた仲間だった。

極めつけは南禅寺界隈が「紅葉」に彩られる、秋。

金地院の総門の傍らにある紅葉が赤く染まると、外からも見えるため拝観されない方まで門前で記念写真を撮って行かれる。ただ、写真を撮る方が滞留し、金地院を目的として来られた団体のお客さまの邪魔になるようなときは、注意させていただくこともある。

それほど、秋の紅葉は美しい。

紅葉で有名な南禅寺の塔頭「天授庵（てんじゅあん）」と比べると、金地院の紅葉の本数は少ないが、弁天池から東照宮へ続く苔路の緑と紅葉の対比は秋ならでは。夕日に照らされた錦秋の風景の中に一度入っていただきたい。

一方、金地院の秋の特別拝観のマニアックなハイライトともいえるのが、裏茶席の前の苔庭の一面に広がるキンモクセイの落花。オレンジ色の小さな花びらが緑の苔を覆いつくし、芳香が見る人を包み込む。落花が茶色く変色するまでのほんの二、三日の限定。Sさんと二人、このときばかりは茶庭の掃除をお休みにする。

♠閑話休題⑧　冬の寒さ対策は、一・五センチ

金地院の境内を歩くときに愛用していたのはゴム製の長靴だ。雨が降っても基本、書院まわりの掃除は必ず行う。

注意報レベルの雨になればさすがに庭には下りないが、前日の雨で木々や落葉が濡れていても掃除はする。百円ショップで買ったナイロンのレインコートを着て、長靴で庭に下りる。

水たまりを避けながら竹ぼうきを動かすと、子どものころ雨の日に水たまりで遊んだ記憶がよみがえり、けっこうしんどい仕事なのに口元はゆるんでくる。

いちばん注意していたのは、足跡を残さないことだ。モッコクやツツジなど木々のちょっと奥にあるぬれ落ち葉を火ばさみで拾い上げようと、うかつに足をふんばると、庭に長靴の足形が残ってしまう。しっかり掃きながら、ゆるゆると歩く、そんな技術も金地院で身につけた。

幸い、金地院の庭の水はけは驚くほどよく、朝、水たまりができているような雨が前夜に降っても、雨が止めば午後には水はすべてひいていた。

実は、書院の庭にツツジがあるのを一年ほど知らなかった。たまたません定中の庭師さんと遭遇したときに「そこにある木はなんですか?」とたずねたら「ミヤマツツジですよ。ただ、しっかり刈り込んでいるから花が咲いているのを見たことないでしょう。葉だけで見分けるのは難しいですね」と教えてもらった。

石灯籠の脇にあったミヤマツツジ。翌年、一輪だけ濃いピンクの花をつけてくれた。

長靴に慣れると、晴れの日でもスニーカーより歩き心地がよい。私の足のサイズは二十三センチなのだが、冬になると靴下を三枚重ねにするので、寒さが増すと長靴がすんなりと履けなくなる。なので、春から秋にかけては二十三センチ、冬場は二十四・五センチと二足の長靴を常備していた。

靴下一・五センチ分の厚さ、それがわたしの金地院の寒さ対策の目安でもあった。

人生百年時代の働き方

秋の金地院

四十年近くフリーライターをしていると、付き合う人もフリーランスが多くなる。ライターはもちろん、フリーアナウンサー、フリー編集者、フリー通訳者などなど、組織には属さないが、生計を立てられる仕事を得られる程度にはどの組織とも仲良く付き合える…そんな関係を作れる人たちだ。

とはいえ、それぞれの職業特有の悩みはある。

四十代の直前、フリーアナウンサーをしていた友人が「ライターは、年をとってもそれをキャリアとして評価してもらえるけれど、フリーアナウンサーはベテランと言われる域に入ると、顔出しの仕事のオファーが減って、ラジオや朗読、ナレーションの仕事がふえる」と嘆いていた。

〝顔出し〟とは、テレビなどのメディアに露出する仕事のこと。容姿端麗は当たり前、それに加えて「若さ」が武器になる業界ならではの感覚だろう。

そんな友人のため息を聞きながら、「ライターで良かった」と三十代、四十代、五十代を乗り超えて、六十代までやってきた。が、シニアと呼ばれる六十代になると、キャリアはあってもフットワークは確実に落ちる。

五十代まではなんなくこなせていた「東京日帰り取材、翌日、原稿出し」などというスケジュールは体力的に厳しくなり、かつては嬉々として行っていた〝旅稿〟と呼ばれる、全国の観光地に取材し、食を堪能し、景色の写真を撮り、現地の特産品を原稿にするといった仕事も、食事回数と量の多さにギブアップ。「だれか若い人に行ってもらって」と弱音が出る。

もちろん、サラリーマンのような厚生年金はないので、よほど貯蓄のある人でないかぎり、働かなければ食べていけない。それでもフリーの人間には基本、定年はないので、細々とならば仕事を続けることはできる。また、取材でさまざまな場所に行き、さまざまな人に会い、その度に相手の陣地で仕事をしてきたことから、ライター稼業以外に就くことになってもその場になじめるというアドバンテージはある。

しかし、その意味では専業主婦一筋で六十代を迎えた人も、子育ての中での公園デビューから始まり、ママ友、子どもの学校生活や進学についての教師との面談、夫の会社関係者との付き合いなど数々の修羅場をくぐってきているはず。メンタル面では社会に出ても十分、お金を稼げる労働力として通用するだろう。

では、定年まで組織の中でしっかり働いてきたシニアの、退職後の仕事選びはどうだろう。

少子高齢化による労働人口の減少や年金支給年齢の引き上げなどを背景に、現在、六十五歳までの継続雇用の確保に加え、七十歳までの定年引き上げ、定年制の廃止などを実現している企業も出てきている。

そうしたレールに乗って会社に残り、これまで同様の仕事ができる人はいい。しかし総務省の労働力調査によると、二〇二一年の六十五歳以上の労働者は前年比六万人増の九百九万人。六十五歳～六十九歳の就業率は五十・三％と、初めて半数を超えた。この内、役員を除く会社に雇用されている人は五一七万人で、パートやアルバイトなどの非正規雇用が七十五・九％を占めている。

私の住む地域では毎週日曜日の朝刊に週刊求人情報の折り込みが入る。

コロナ禍で行動制限がかかっていたここ二年はさすがに求人件数も減っていたが、二〇二二年に入り少し上向いてきた。九月のある日曜日には四社の求人折り込みが入り、その求人合計は約百件。

多いのは医療・福祉関係と調理補助、そして警備員や清掃スタッフ。事務系の正社員募集もあるが、「中高年歓迎、五十・六十代のスタッフ活躍中」とか「定年退職者歓迎」「年齢経験不問」といった求人は数件。逆に、資格＝五十九歳以下（定年六十歳のため）とか、六十歳定年と明記したものもある。

また、総務省が敬老の日（二〇二二年九月十九日）に合わせて公表した二〇二二年の人口推計によると、六十五歳以上の高齢者は前年より六万人増えて三六二七万人で過去最高を更新、総人口に占める割合も二九・一％とこちらも過去最高となっている。

「少子高齢化」「人生百年時代」という言葉は日本ではいまや普通名詞。実際に日本の出生率一・三六％（二〇一九年）は、国際的に見ても最低水準であるし、男性八一・四一歳、女性八七・四五歳という平均寿命は先進七か国中で最も高い。

ちなみに、うちの父は一九八〇年に五十七歳で定年退職した。当時の平均寿命は男性七三・三五歳、女性七八・七六歳。「平均寿命まで生きられるとしてあと十六年。十年は好きなことをして暮らす」と、会社人間からの卒業を宣言した。

世はバブルに向かう時代。教師をしていた母の退職金も合わせて、家のローンは完済。私も姉も社会人として自立。教育費や、生活費の支出も減り、年金が支給される六十歳（当時）までの三年間に、老後資金の貯金を堅実に投資。ささやかながら資金運用に成功して自分の小遣いを確保し、切手収集などの趣味に生きがいを見つけ、楽しそうに暮らしていた。

五十五歳で教師を早期退職していた母も自分の年金があり、こちらも趣味に生きていた。

そんな両親を見ながら、まだ存命だった祖母が「働くというのは、傍（はた）の人を楽にすること。二人とも十分に働いたんやし、これからは自分が楽をすればいい」とほほ笑んでいたのを思い出す。

そして浅はかな娘は、自分がその年代になったら当然、そんな日が来るのだと漠然と期待していたのだが…。

国立社会保障・人口問題研究所の「日本の将来推計人口（平成二十九年推計）」によると将来予測では、団塊の世代がすべて七十五歳以上となる二〇二五年には、七十五歳以上の人口が全人口の約十八％に達し、二〇四〇年には六十五歳以上の人口が約三十五％を占めるという。

私が介護保険制度施行に向けての取材に走り回っていた二〇〇〇年ごろの総人口に占める六十五歳以上の人口の割合（高齢化率）は十九％。隔世の感がある。

また、私がシンクタンクの研究員として、ある自治体の高齢化施策についての調査・研究に携わっていた一九八九年の資料を見ると、ベースとしていた当時の「長寿社会大綱」には「二十一世紀初頭の本格的な高齢社会の到来に備え、人生八十年時代にふさわしい経済社会システムの構築を目指し…」とある。

わずか三十年で人生八十年時代から人生百年時代へ。日本の高齢化の急速な進展に社会システムが追いついていないのが、この数字だけでもわかる。
ちなみに「人生八十年時代にふさわしい経済社会システム」構築のための基本方針としてあげられていたのは、

1. 経済社会の活性化を図り、活力ある長寿社会を築く。
2. 社会連帯の精神に立脚した地域社会の形成を図り、包容力のある長寿社会を築く。
3. 生涯を通じて健やかな充実した生活を過ごせるよう、豊かな長寿社会を築く。

そして

以上の基本方針を踏まえ、①雇用・所得保障システム、②健康・福祉システム、③学習・社会参加システム、④住宅・生活環境システムにかかる長寿社会対策を総合的に推進する。

「活力」、「包容力」のある「豊かな」長寿社会がいま、実現していると感じるシニア世代はどれだけいるだろうか？

とはいえ、あのころの最大の社会的関心事は、二〇〇〇年の介護保険制度のスタートを前に、それまで在宅で家族、とくに嫁が看ることが当たり前とされていた親の介護を、福祉サービスとしていかに定着させるかということだった。

「福祉」という言葉の持つ、「経済的困窮者の救済」的なニュアンスを、「福祉とはだれもが使えるサービス」という認識へ転換させることも重要な課題とされていた。ホームヘルパー、ケアマネージャー、ケアプラン、デイサービスなどの言葉が新しい概念として次々に新聞やテレビで紹介され、「ヘルパーはお手伝いさんではありません。被介護者の食事の用意や洗濯はしますが、それ以外の家族の食事の用意や洗濯はヘルパーの仕事の範囲にはいりません」などという、いまでは笑い話でしかないような説明が真顔でなされていた。

振り返ると、現場の声や識者の話を取材しながら、私は当時、常に〝介護の正解〟を求めていたように思う。しかしいまは、介護に正解はないことがよくわかる。

人生百年時代となり、老々介護の拡大という新たな問題も浮上している。

同時に、いまのシニアは、「孫の守り役」という無償労働の担い手でもある。そんな手枷、足枷をはめられたシニア世代を、政府は労働人口に取り込もうとしている。

かつて行政主催の「シニア向け就職説明会」の取材をしていたとき、採用側の企業担当者に必ず聞いていたのが、「企業がシニアスタッフに期待するのは何ですか？」という質問だった。

第一にあがるのは、「シニアがこれまで積み重ねてきた社会経験です」だが、さらに突っ込んで聞くと、技術職では、プロとしてのスキル、サービス業や営業関係では「コミュニケーション能力」という答が返ってくる。

コミュニケーション能力とは何か？

シニアならではの会話力もその一つ。当初は、バックヤードでの品出しなどをシニアの仕事として想定していたというあるコンビニチェーンのシニア採用担当者は、地域のオッチャン、オバチャン的な存在として顧客の若者に声かけするシニアスタッフを目撃。バックヤードだけでなく、レジにも入ってもらえると思ったと話しておられた。

一方、かつての自分の肩書へのこだわりが強く、若い上司やスタッフに高圧的な態度しか取れない人は採用しても長続きしないとのことだった。

寿命が延びれば当然、用意すべき老後資金も増える。

年金だけである程度の生活が保障されていれば、延びた寿命を楽しむための生きがいとして、生涯学習の講座に通ったり、ボランティアにいそしんだりという選択もできるが、年金支給年齢が引き上げられれば先々のことを考えて働けるうちは働こう、となるのが人情だ。

金地院のような観光寺院での仕事はシニア向きと言えるが、体力を考えるとこれも七十歳が限界であろうと思うし、京都という地域特性があっての仕事。一般化して考えるのは難しい。

そこで、六十歳で大手企業を定年退職。六十六歳の現在、スーパーマーケットのバックヤードで週四日パートとして働くHさんの事例から、シニア男性の働き方について考えてみたい。

Hさんが六十歳で定年退職したのは、がんの闘病を十年以上続けていた妻・Yさんの病気を治すために全力を尽くしたいという思いからだった。治療費や生活費のことを考えると退職は大きな決断だったが、「定年という区切り」が背中を押してくれたと振り返る。

退職から五か月後、妻・Yさんは思い半ばで天国に旅立つ。

「結果的に最後の五か月を一緒にいることができ、退職の判断は正しかったと思っています」と、後悔はないが、最愛のパートナーを亡くし、一年ほど自失の日々が続いたという。

その間に失業給付金の支給も終わり、年金の支給年齢には届かず、無収入になっていた。そしてある日、預貯金を取り崩して生活していることに気づき、愕然とする。

このままでは、預貯金を食いつぶして六十歳代で生活が破綻する…そこから自分の今後をシュミレーションし、平均寿命を踏まえ、死ぬまでにどれくらいのお金が必要かの試算にとりかかったという。その過程で、自分の世代なら男性でも六十二歳から年金の繰り上げ受給が可能なことを知り、手続きをする一方、これまでの生活水準に近い暮らしをするためには月額で七、八万円不足していることがわかってきた。

「なんでもいいからアルバイトをせねば！」と、派遣会社に登録。車で通勤可能な食品メーカーの工場でのパートを始めた。

しかし、工場に入る前の着替えや消毒など衛生面でのチェックが想像以上に厳しかったことになじめず、半年で退職した。

現在の職場に出合ったのは、趣味のＤＩＹ用品を買いに立ち寄ったホームセンターにこのスーパーマーケットが隣接していたことから。食料品を買いに入ったとき、店内の求人チラシが目に入ったという。事務所を訪ね、就業条件などを聞き、応募。採用された。

仕事は、夕方から閉店作業を終える午後十時過ぎまで。ローテーションで午後三時からの早出の日もあるが、勤務は週四日。商品の補充や当日に売り切らなければならない惣菜など加工品の値札の貼り替え、フロアーの清掃、レジを閉めたあとの売り上げ金の保管、店舗の戸締りなどが主な業務といい、レジ打ちはない。

契約は半年更新で、現在二年目。同僚に七十歳代の人がおり、その年齢までは雇用可能と予測する。

「ここは一日にすべき仕事が決まっていて、その範囲内で自分の裁量に任されている。細かく管理されないところが自分に合っていると思う」

収入は月七、八万円。試算上の不足分は補えているが、自分の趣味や交際費を考えると、あと五万円はほしい。その分、預貯金を取り崩すか、生活をきりつめるかという判断は今後の課題だ。

いま、一番の目標にしているのは「仕事も、体力も現状維持すること」。

七十代、八十代と年齢を重ねれば当然、体力は落ちてくる。現状維持のために心がけているのは、正しい姿勢を保つためのストレッチといい、朝、起きる前に寝床で体の曲げ伸ばしを一時間。起床してから若いときに打ち込んだ空手の型を十五分。その後、趣味のギターを三十～四十分というのが、毎朝のルーティーンになっている。

仕事のない昼間は、妻のYさんが取り組んでいた絵画制作や社会活動の記録を整理し、形あるものとして残したい、と時間を費やす。

「老後資金一人二〇〇〇万円という試算が一時、世間を賑わしていましたが私に限らず、たいていの人は年金だけで老後はおくれないと思っているはずです。自分が何歳まで生きられるのか、その人生を全うするのには老後資金がいくら必要なのかを、定年までに考えておくべきだと思います」と話す。

二人に一人ががんになるいま、夫婦のどちらかが発症する可能性は高い。そうなれば、シニアライフの計画は根底からくつがえる。なかでも一番の課題となるのが老後の資金。働けるうちは働くというのは、もはや選択肢ではなく、シニアライフの必要条件といえるだろう。

では、人生百年時代に即した、シニアにとっての経済的にも納得できる、魅力的な仕事とは何なのか。

ここ十年のＩＴ（情報技術）の急速な進歩で、ユーチューバーやゲーマーなどそれまで存在しなかった職業が出現したように、社会の三分の一がシニアという時代が予見されているのなら、若者が新しい職業を生み出したように、既存の仕事にとらわれずシニア自身が新職種を生みだすこともできるのではないか。

たとえば、シニアのありのままが仕事になるシステムの構築。

いちばんに思い浮かぶのは、シニアでもわかるパソコン取扱説明書の作成だ。物心ついたときからゲームでＩＴに親しんでいる若い世代が感覚的に理解していることが、シニアには全くちんぷんかんぷん。そんな〝わかっている〟世代が書いた取扱説明書がシニアに理解できるわけがない。

シニアがどこでつまずくのか？

それをＡＩ（人工知能）に読み取らせて、欲をいえばボタン一つでエクセルもワードも操作できる機能があれば、シニアの働き場所はぐんと広がる。もちろん、ＡＩに提供するデータは、シニアがモニターとして有償で提供すれば、そこにもシニアへの需要は生まれる。

あるいはシニア自身によるシニアマーケットの開発。

老眼や白内障で目が見えにくくなっている人に、持ちやすいドアの取っ手や、見分けやすいパッケージの色、形などの提案もできるだろう。家電も独居老人向けの洗濯機や冷凍冷蔵庫などの小型化も望まれていると思う。また、多機能ではなく、単機能への回帰も一つのテーマだろう。その試作品を若者が３Ｄで製作し、シニアがその製品を改良、市場に出すなどということも可能だろう。

若者や女性を対象にした起業講座があるように、シニア起業家を生む基盤を作れば、当事者としてシニア自身が介護にかかる肉体的負担を軽減する方法を見いだせるかもしれない。

シニアを労働力として活用するためには、既存の職種やシステムに当て込むだけでは何も解決しない。親や自分の伴侶、あるいは自分自身の介護や経済的不安におびえずに、百歳になっても夢を持てる働き方を自ら見つけられる社会をつくる…それが人生百年時代を生きるシニアが働くということではないだろうか。

ちょっと長めのエピローグ
〜介護は突然やってくる

弁天池の蓮の花

平成三十一年（2019年）四月から昨年（2022年）五月まで、金地院で過ごした三年間はコロナ禍、ロシアのウクライナ侵攻など、今も続く予想もしなかった出来事に世界中が翻弄された日々でもあった。

コロナ禍は、同時代を生きた子どもから大人まで、地球上のすべての人が同じ恐怖を共有するという未曾有の出来事であるし、ウクライナでの戦争は、その非道さとともに経済的影響が局地的なのではなく全世界に及ぶことを知らしめた。グローバル時代といわれ、世界の垣根が取り払われようとしている時代になぜ、独裁国家は自国の利に執着するのか。

第二次世界大戦の終結から約八十年、「平和」とは何気ない日常が、明日も続くことなのだと改めて思う。

金地院で働いていた三年間でプライベートでも大きな激震があった。

突然、直面した母親の介護だ。

人生百年時代になれば、六十五歳は親の介護の適齢期。

私の年齢なら、あたり前と言えばあたり前なのだが、仕事をしながらする介護には、想像を絶するものがある。その顛末を最後に書き添えておきたい。

◇

金地院での仕事もあしかけ二年となり、目の前の仕事だけでなく金地院の季節の移り変わりや周年行事なども頭に入ってきた令和三年（２０２１年）六月、同居する母に異変が起きた。

大正十二年（１９２３年）生まれの九十七歳。四十年近く小学校の教師を務め、退職後は若いころから続けていた煎茶道の師範として茶会を催したり、後進の育成にあたったりしてきた矍鑠（かくしゃく）とした人だった。教え子やお茶関係の人たちにはカリスマ的な人気があった反面、家のことはすべて祖母任せで、祖母が八十二歳で亡くなったあとは定年退職した父が家事を引き受けていた。

その父も八十二歳でなくなり以後十五年、母と暮らすことになったが、もともと家庭より自分の世界が中心の母と、こちらも時間が不規則なフリーライター、同じ家に住んではいてもお互いに〝われ関せず〟の親子だった。

それまでの母は九十七歳とはいえ、要介護認定は「要支援2」。介護保険などの手続きは私がしていたが、週二日のデイサービスと月一回のショートステイ（宿泊ケア）を利用する程度で、杖を使えば自立歩行も、入浴も、食事もすべて自分ででき、ケアマネージャーさんから「九十歳を超えてられるとは思えない。ほんとうに、お元気ですね」と感心されていた。

それが六月中旬、急に「目が見えなくなった」と言い出した。

八十歳代で白内障の手術をし、緑内障による視野狭窄は訴えていたが、眼科では、「年齢相応の目の老化です。症状を抑える目薬はお出しできますが、治す方法は残念ながらありません」と言われていた。

「何も見えない」と言いつつ、テレビはつけているし、自分でプッシュホンを使って知人に電話をし、化粧もしていたため、こちらとしては本当に何も見えていないのかと、判断に困った。そこで、かかりつけ医に相談すると、「これから七月になれば猛暑がくる。本人に不安があるのなら、夏の間だけ介護老人保健施設（老健）に入ってはどうか」という提案を受けた。

本人も「デイサービスの往復もそれなりにしんどいし、家に一人でいると暑さもよけい感じるし…」とのことでケアマネージャーさんと相談、老健への入所の手続きを始めることになった。が、ここで第一のハードルが立ちはだかる。

老健は、「要介護1以上」、つまり母の介護度として認定されている「要支援」では入所の手続きができないというのだ。要介護度の認定見直しを居住地の福祉課に申請しても、認定まで一か月かかるという。

九十七歳という年齢を考えれば、認定などすぐに出ると思っていたが、甘かった。かかりつけ医との連絡不足やさまざまなアクシデントが重なり七月半ばになっても、老健への入所の目途は全く立たなかった。

その間に、「目が見えない」と不安を訴える頻度が増え、私が金地院に行く日は、姉や近くに住む親戚を電話で呼び出すようになり、ショートステイの日数を増やしてもらうようケアマネージャーさんにお願いすることが増えていった。

そして、次にきたハードルが排泄のトラブルだった。

それまでデイサービスに行くときは、自分で紙パンツを履いていたのが、「履き方がわからない」と言い出し、家の中でも「トイレの場所がわからない」「足が勝手に動く」と、夜中に足をどんどん踏み鳴らして歩き回った。

親の排泄のトラブルほど、子どもにとって精神的ダメージの大きいものはないだろう。

もともと食べ物の好き嫌いも多く、家で作るより自分の好きなものを選べる外食を好む人だったが、出かけることが難しくなってくると、近くのコンビニで私が母の気に入りそうなお惣菜を買ってきて、いわゆるご飯とおかずからなる〝食事〟を用意しても「ほしくない」と言い、好物のチョコレートと乳酸菌飲料を主食のように食べていた。

かかりつけ医に相談すると、「お年がお年なのだから、チョコレートばかりというのもなんだが、好きなものを食べさせてあげたら…」と言われた。

デイサービスでも、「三時のおやつは必ずお食べになりますが、昼ご飯はスタッフが強くすすめてやっと」とのこと。

きちんとした食事を摂らなければ当然、便秘になる。かかりつけ医で下剤をもらい…ということの繰り返し。夜中に「お腹が痛い、死ぬ！」と叫ばれ、救急車を呼ぶことも一度ではなかった。

ただ、コロナ禍の中、平時なら九十七歳の高齢者が腹痛で救急車を呼べば、二、三日は検査入院になると思うが、「点滴を入れました。痛みがおさまったのでお帰りください」と帰された。

その後も、排泄がらみのトラブルは続き、便や尿で汚れたふとんやシーツ、マットレス、何枚ものパジャマを捨てた。

八月に入り、ようやく介護認定決定の知らせが来た。

しかし、同日の夜中、再び「お腹が痛い！」。この日は昼間、デイサービスに行き、おやつを食べたときに誤嚥したとの報告を受けていた。「夜に熱が出るかもしれないので」とも言われていた。熱を測ってみると三十八度四分。誤嚥性の熱は、肺に異物が入って、生死にかかわることもあると聞いていた。

またしても１１９番。救急隊員の方には申し訳ないが、家ではなすすべはない。病院で誤嚥の可能性を話し、ＭＲＩを撮っていただくようお願いする。

四時間後、今回も「とくに異常は見られません。『痛い！』とおっしゃるところもころころ変わるので、これ以上は何もすることが…。お帰りいただいて結構です」と、処置室から出された。まるでビデオを再生しているような気持ちになった。

寝不足が続く。一日でいいから泊りに来てほしいと姉に連絡しても、「孫の世話があるから、昼間に半日ぐらいなら行けるが宿泊は無理。まだ、しっかりしてるやん」との返事ばかり。

確かに、姉や孫たちが来ると、プライドの高い人なので「目が見えない」と言いつつ、ひ孫とお絵描きをしたり、姉には「鯖寿司が食べたいから買ってきて、あんたたちも好きなお寿司を買ってきたらいいから」などと言ったりしているらしい。トイレも、ほとんど行かないという。

「夜になると、人格が変わる。一度、泊まってくれたらわかるから…」と言っても、自分がその場で目の当たりにしない限り、人の理解は及ばない。学生時代からの親友に愚痴をこぼすと、「みんな自分の家庭がいちばん大事。しゃーないで」と。

身内を頼れないとなれば、ケアマネージャーさんが命綱。母も辛いのだろうが、この状態が続くと、こちらの限界が先にきそうだった。

「もう少しショートステイの日数と頻度を増やせないでしょうか」というケアマネージャーさんへのお願いが続いた。ただ、母がショートステイに行く条件としていたのが「一人部屋でないと、絶対に嫌」ということだった。

本来なら難しい条件なのだが、コロナ禍により、デイサービスも含めて老人福祉施設の利用にクラスターのリスクが取りざたされていたころ。利用者が減り始めていたことが幸いし、一人部屋の確保をスムーズにしてもらうことができた。おかげで、介護する方もされる方も共倒れ、という事態は避けられた。

平成十二年（２０００年）の施行前からライターとして介護保険についての取材をし、認知症の症状や高齢者本人の大変さ、介護家族の苦悩、施設のあり方なども記事にしてきたが、自分が〝老々介護〟の当事者になって見えてきた現実は、第三者として書いていたことなど物事のほんの一面にすぎない、と思えるほど過酷だった。独居老人・孤独死の問題も含め、人生百年時代の未来予想図を社会はまだ描けていないのだと痛切に思う。

しかし、ここにきて状況が一変する出来事が起きる。

二日前に救急搬送された病院から「画像を見直したところ、胃に影があった。消化器内科で造影剤を入れた検査が必要と思われるので受診してほしい」との電話があったのだ。

ケアマネージャーさんに即、連絡。老健との兼ね合いも含め、入所予定の老健の系列の病院での受診の手配をお願いする。

が、翌朝午前五時半、異様な気配を感じて目を覚ますと、トイレでパジャマのズボンを脱ぎ棄て、床に座り込んで「お腹が痛い」と呪文のように独り言を繰り返している母がいた。トイレの床は、排泄物で目を覆う惨状。臭い。汚れた母の手足、足の裏などを濡れタオルで拭き、パジャマも着替えさせて、汚物はゴミ袋にまとめ、三度目の救急車。

これまでの経緯を話し、二日前に運んでもらった病院への搬送をお願いする。病院では、前回のデータをもとに、造影剤をいれてCTを取り直すなどの検査をしてもらった結果、胃の中ではなく胃の外に直径二センチほどの腫瘍があることが判明した。

「胃の中なら内視鏡で腫瘍の細胞をとることができ、良性・悪性の判断ができるが、胃の外だと開腹手術しかない。患者さんの年齢を考えると…」と医師から話があり、放射線の使用などはとりあえず入院をしてから考えようということになった。

コロナ禍で病院では家族でも患者との接触が禁止されているため、母は救急処置室から直接病棟に入院。薄情なようだが、この日の夜は二か月ぶりに、ゆっくり眠れた。

幸い腫瘍は良性と判明、その後、当初予定していた老健ではなく、病院内にある老健に入れることになり、病棟からエレベーター移動で退院、老健への入所となった。そして、老健での認知症などの詳しい検査の結果、母の介護度は「4」と認定された。

老健のケアマネージャーさんに「この状態で、自宅で看ておられたのですか。大変でしたね」と言われたときは、涙が出た。

また、施設の嘱託医師との面談でも「認知症もあり、昨晩は夜中に何度もベッドから出て施設内をうろつかれていたという報告を受けています。九十七歳というのは、当施設でも超高齢。いちばんのリスクは、ベッドからの落下や転倒による骨折です。また、急に息が止まる可能性もあります。老健はリハビリ目的の施設。こちらで対応できないときは、下の病棟に移ってもらうこともあります」と言われた。

確かに老健は本来、在宅復帰を目指すために医療ケアやリハビリテーションを行う施設。入所期限は原則三か月。母の状態からすれば在宅復帰はあり得ない。当然、三か月後を視野に入れた〝次の居場所〟探しが火急の問題だが、とりあえずは入所できたことにホッとしていた。

しかし、三か月という期間は決してゆとりを持てる時間ではなかった。

入所から一週間後、母に面会に行ったときに、老健のケアマネージャーさんから「特養（特別養護老人ホーム）入所は、半年から一年待ちが普通です。立地や施設の規模などへの希望もあると思いますが、民間の有料老人ホームも含め候補を決めたら即、見学に行き、最低五、六か所に申込書を出しておかれた方がいいでしょう。決まらない場合には、利用者さんの身体の状況によっては入所継続という形もとれますが、それでも一年以上というのは…」と言葉を濁された。

ケアマネージャーさんからもらった近隣の特養リストを調べ、ホームページを検索し、見学を予約。現地でスタッフの話を聞き、申込書をもらって記入ということの繰り返しが待っていた。新しくできたグループホームの見学にも行った。金地院での仕事がない日は、ほとんどの時間を施設探しに費やしていた気がする。

一方で、老健から「パジャマや下着の着替えを持ってきてください」などの電話も入ってくる。洗濯は施設でしていただくようお願いしていたが、毎日着替えてもいいように、パジャマは五組、下着類は上下七枚ほど持参していた。「それでも足りないんですか？」と問い返すと、「汚染がありまして…」との返事。

汚染というのは、夜中におしめを自分ではずしたり、昼間も紙パンツを自分で脱いだりしてパジャマやズボン、シャツが排泄物で汚れることを指す〝業界用語〟らしい。たしかに毎晩、下着やパジャマを汚染していれば、衣類がいくらあっても足りない。

「とりあえず、長袖シャツ二、三枚と上着・ズボン二、三枚、長袖パジャマ三組ほど持ってきていただきたい」とのこと。用意して持って行く。

それから約三か月、母は老健から特別養護老人ホームに移ることができた。

運よく、希望していた施設で個室が空き、四人部屋の入所待機者はあったが個室の待機者はゼロだったことから、「入所されますか？」という連絡をもらえたのだ。デイサービスでお世話になっていた法人の関連施設でもあり、見知ったスタッフさんもいてくださり、第一希望にしていたところだったので、本当にありがたかった。

いまは、面会が思うに任せないコロナ禍の不自由さはあるが、母もその後は落ち着いている。そして姉夫婦が週に一回、チョコレートなど母の希望するお菓子を届けてくれている。介護は最もしんどい時が過ぎても終わりではない。いまは、姉夫婦に感謝している。

振り返れば、まだ、二年もたっていない。どん底の精神状態の中でも金地院の仕事を続けられたのは、仕事に行けない日々を肩代わりしてもらったSさんのお陰。Sさんはホームヘルパーの仕事についておられた経験もあり、その的確なアドバイスにも助けられた。

また、終わりのない愚痴を聞いてくれ、何度も大阪から車でかけつけてさまざまな手続きの足となってくれた親友のK。私が仕事に行っている間、母の呼び出しに応じてくれた、近くに住む従姉妹のKさん。親身になって相談にのっていただいたケアマネージャーさんなど介護スタッフの方々…周囲の助けがなければ、一人ではこの局面を乗り切ることはできなかった。

猛暑の中での金地院の仕事は、体力的にも限界に近かったが、金地院という日常とは全く違う場所があったからこそ、介護というストレスに押しつぶされることなく、私はあの夏を乗り切れたのだと思う。

母が変調を来たすまで、実際の介護というものをしたことがなかった。同居していた祖母は三十五年前の一月のある日曜日、わが家の仏壇の前に座ってお経をあげているうちに脳梗塞で、あっという間に逝ってしまった。八十二歳だった。冬なのに穏やかな温かい日だったのを覚えている。

同じく八十二歳で十七年前に亡くなった父の命日は七月四日。夏のさ中。亡くなる三日前に祖母と同じ仏壇の前で倒れ、病院に救急搬送。集中治療室で意識の戻らないまま過ごし、旅立った。脳出血だった。

祖母も父も、「痛い」とか「しんどい」ということを一切言わない人だった。私が中学生のころ、祖母がヘルニアで十日ほど入院したことがあった。

病院が中学校の近くだったことから毎日、放課後になると顔を見に行っていた。その時、祖母の病室に回診にきていた病院長が私をつかまえて「おばあちゃんは、もののすごく我慢強い人や。いままで何回も一人で痛みこらえてはったんやと思う。これからは、おばあちゃんのことちゃんと気いつけたがなあかんで」と言われた。

私にとって祖母は甘えて当然の相手であり、だれよりも私を大切にしてくれる人だった。にもかかわらず、それまで私は祖母の体調を気遣ったことは一度もなかった。病院長の言葉は、私の心に突き刺さった。だから、祖母の介護が必要になるときが来たら、絶対にそばについていると決めていたのだが、そんな時間もくれずに逝ってしまった。

一方、母はちょっとしたことで「痛い、痛い」と叫び、気に入らないことがあると、自分が思うように物事が運ぶまで家族を振り回す人だった。

親の介護というのは、それまでの家族関係の縮図だと思う。

母が変調を来たしてから入院できるまでの二か月の在宅介護の日々は私の中ではトラウマになっているが、母の中では自分に都合の悪いことはすべて消えている。

ともあれ母の介護に直面したことで、これまで漠然としていた自分が動けなくなったとき、という〝場面〟が現実のものとなった。どんな介護を望むのか（あるいは望まないのか）、そのためにはどれだけの費用が必要なのか、何を整理し、何を残すのか…それを考えることが終活なのだといま、真剣に思っている。

親が日々変わっていく姿を目にしながら、信じたくない思いと、救急車を呼ぶなどの異常事態が日常になっていく現実の中にいるギャップ。気持ちが追いつかず、いま振り返れば、どこかで当たり前の日常を守りたいという思いと、母のいる家から離れたいという思いが交差していたのだろう。金地院はそれを補完してくれる場所であったと思う。

◇

六十四歳でライター稼業をいったん休業し、シニアに用意されたさまざまな仕事を自ら体験し、それぞれの仕事のシニアにとっての働きやすさ、課題を客観的に書いてみたいという目論見で始めたこの試み。当初は多様な仕事にあたることを考えており、一か所に三か月、長くても半年ぐらいという計画を持っていた。

しかし、金地院で働き始め、その四百年の歴史にすっかり魅了された結果、気がつけば半年が過ぎ、定年の六十七歳までの三年間、しっかりと居ついてしまった。

いちばん楽しかったのは、やはりお客さまとの出合いだ。

コロナ前は日本全国、世界各地から「京都」という町を楽しみにたくさんの方が来られていた。私が海外旅行をするときの目的は、その土地の空気と風を感じることなので格安ツアーで十分だが、伏見稲荷や清水寺、祇園など「京都といえば！」の観光寺社ではなく、わざわざ金地院を訪ねて来られる外国人観光客は、庭であったり、襖絵であったり、日本史であったりについて強い関心をお持ちの方が多かった。

遠来のお客さまに少しでも楽しんでいただけるよう、お答えできなかった質問は後でご住職におたずねしたり、休みの日に図書館や資料館で調べたりした。ライターというのは、そうした調べものがある意味、大好きな人種でもある。

あるときは、しりとりゲームのように、またあるときは謎解きのように一人の人物を追っていると、さまざまなことが一枚の絵のようにつながり、彫刻のように立体的に見えてくる。

案内の楽しさは、学ぶことで自分を日々更新していけることだと思う。

一方、金地院で課せられた、案内の仕事と両輪の一方であった掃除は正直、得意ではなかった。料理、洗濯、一拍置いて掃除というレベル。しかし、金地院でSさんに〝掃除のなんたるか〟を教えていただき、六十四歳にしてお掃除に開眼。わが家のトイレや庭の雑草は見違えるようにきれいになった。夜中型生活もすっかり朝型に。さすがに五時起きはしなくなったが、いまでもアラームは五時半にセットしている。

金地院では本当にたくさんのことを学ばせていただいた。また、金地院で働かせていただいた体験をこのようなエッセイにすることをご承諾いただいた金地院の佐々木玄龍ご住職には感謝の思いしかない。

この原稿を書き上げたいまは、金地院のスタッフも私が入ったころとは大きく変わり、平均年齢も若くなっている。Uさん、Tさんに次いでSさん、Hさんも昨年の秋に退職された。ただ、ありがたいことに最年長のYさんや受け付けのMさんはいまも在職。金地院を訪ねると、Yさんは「久しぶりやな」と笑顔で迎えてくださる。

六十歳代には、自分の健康を維持していくことに加え、親の介護、孫のお守りとさまざまなミッションがふりかかる。予想していても、直面するとうろたえるのが人間だ。そんなとき、家庭とは別の自分の居場所があれば、人はほっと一息つける、というのが金地院で得た私の一番の財産だ。

人生百年時代、生きぬくことはしんどいが、予期せぬ出合いが人生を豊かにしてくれる…そう信じて七十歳代に踏み出したい。

◇参考文献・資料

「金地院」（京の古寺から 30）佐々木玄龍・井上隆雄著、淡交社
「新訂　本光国師日記」　校訂・副島種経、続群書類従完成会
「異国日記抄」　村上直次郎、校註、三秀舎
「金地院繪圖」　中井主水和（京都府立京都学・歴彩館蔵）
「金地院方丈修理ニ関スル一件書類　着手大正九年十一月　竣功　仝拾年十一月」
（京都府立京都学・歴彩館蔵）
「狩野探幽」　安村敏信著、新潮社日本美術文庫
「大阪府史　第5巻」　大阪府史編集専門委員会編
「国宝・重文の茶室」　中村昌生監修、世界文化社
「小堀遠州」　森蘊著、吉川弘文館
「新・小堀遠州の書状」　小堀宗実著、思文閣出版
「茶の湯と茶人の歴史　第2巻」　熊倉功夫著、思文閣出版
「図録・博物館　徳川家康と駿府大御所時代　大御所四百年祭開催記念」　静岡市経済局
商工部経済事務所大御所四百年祭推進室

「ウィリアム・アダムス―家康に愛された男・三浦按針」フレデリック・クレインス著
ちくま新書
「孤篷のひと」葉室麟著　ＫＡＤＯＫＡＷＡ
「墨龍賦」葉室麟著　ＰＨＰ研究所
「増補版　京都・観光文化検定試験公式テキストブック」森谷尅久監修、
京都商工会議所編　淡交社

・令和3年度　年次経済財政報告　図表　高齢者の就業状況　内閣府ＨＰ
・労働力調査　図表65歳以上の就業率　総務省ＨＰ
・我が国の人口について　厚生労働省ＨＰ

服部素子（はっとり　もとこ）
１９５５年京都市生まれ。１９７７年同志社大学経済学部卒。一般企業、団体職員、シンクタンク研究員などを経て、１９８４年からフリーライターとして独立。
同年より２０１８年８月まで産経新聞大阪本社文化部業務委託記者として主に生活面の記事を執筆、並行して、FM 京都のニュースエディター（１９９０年～９２年）、FM 滋賀番組構成（１９９６年～９７年）に従事。また、企業や生涯学習関連の広報誌で京都の文化や伝統産業、旅に関する記事を連載。ライフワークとして「京都の伝統」を追う。
現在、１０歳と２歳の猫と同居。

パート先は重要文化財　シニアライターの体当たり奮闘記

2023年６月18日　初版発行
著者　服部素子
発行　株式会社リーブル　〒176-0004 東京都練馬区小竹町2-33-24-104
Tel. 03（3958）1206 Fax. 03（3958）3062
http://www.ehon.ne.jp
印刷・製本：株式会社東京印書館

ISBN978-4-910310-04-6